VÖLKER DES MORGENS

GIANNI GIANSANTI

Fotografien und Text

GIANNI GIANSANTI

Ethnografische Texte

PAOLO NOVARESIO

Projektbetreuung
und Lektorat

VALERIA MANFERTO DE FABIANIS

Gestaltung

CLARA ZANOTTI

Einbandgestaltung

INA BIBER

Redaktion und Satz

BOOKWISE MEDIENPRODUKTION GMBH

Übersetzung aus dem Italienischen

GABRIELA SCHÖNBERGER

Die Deutsche Bibliothek – CIP-Einheitsaufnahme
Ein Titeldatensatz für diese Publikation ist bei
Der Deutschen Bibliothek erhältlich

Printed in Italy

ISBN 3-89405-631-2

INHALT

REISENOTIZEN
von GIANNI GIANSANTI SEITE 12

ZUR GESCHICHTE – Ein Fluss voller Geheimnisse
von PAOLO NOVARESIO SEITE 38

SURMA – Unschuldige Krieger
SEITE 51

BUME – Jäger des Krokodils
SEITE 157

MURSI – Die Kunst der Kriegsführung
SEITE 177

BANNA – Meister der Rituale
SEITE 247

ERBORE – Am Ufer des Chew Bahir
SEITE 263

KONSO – Die Handwerker Äthiopiens
SEITE 285

BORANA – Kinder der Morgenröte
SEITE 311

GALEBA – Das Volk am Fluss
SEITE 347

KARO – Fresken auf der Haut
SEITE 369

HAMAR – Stolz und Schönheit
SEITE 415

Biografien, Bibliografie, Danksagung SEITE 502

1 Krieger der Mursi, dessen Gesicht mit weißen Gipsstreifen bemalt ist.

2–3 Junges Mursi-Mädchen mit Kopfputz aus den Hörnern des Warzenschweins.

5 Große Lippenscheiben sind charakteristisch für die Frauen der Mursi und Surma.

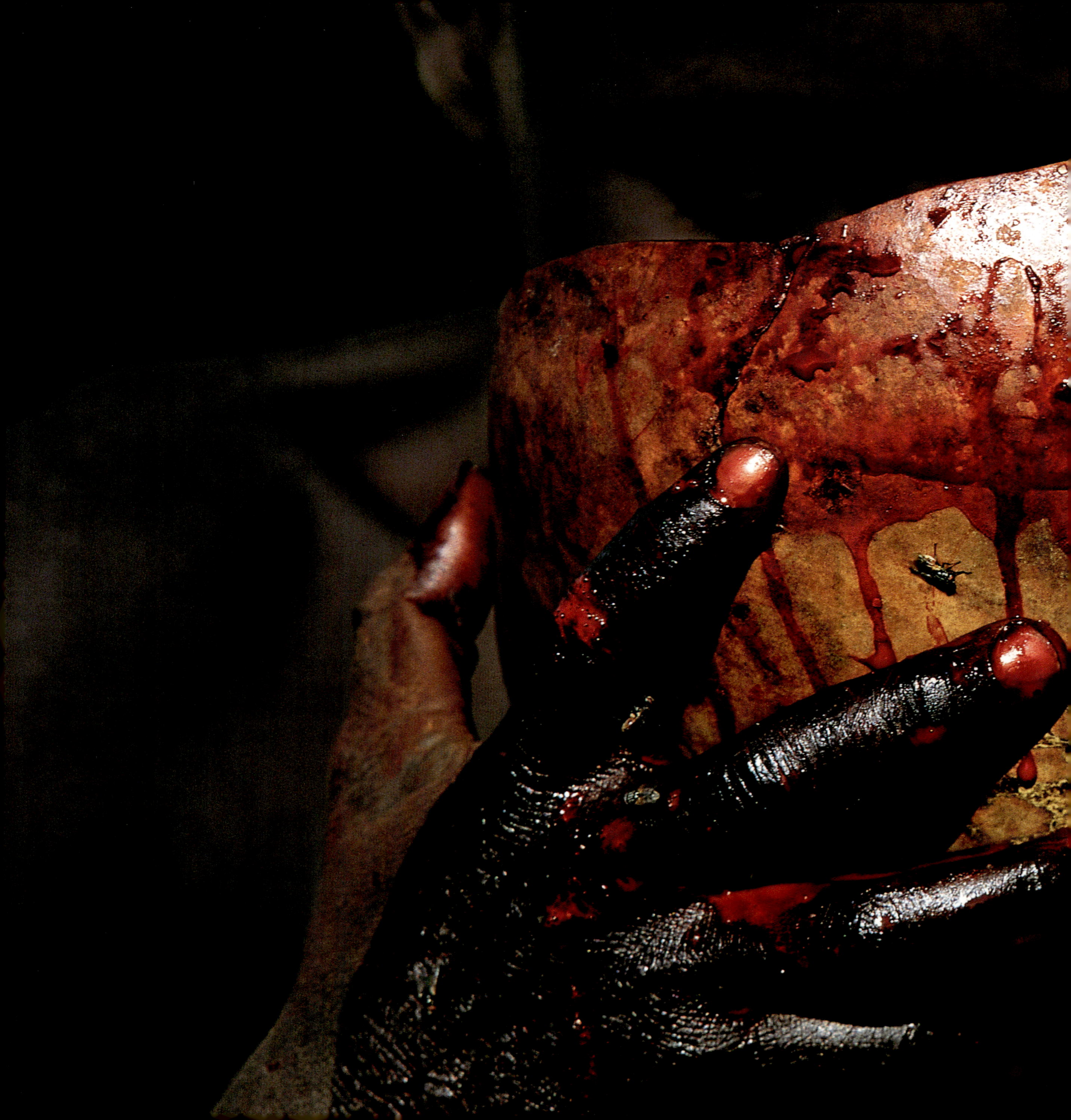

[GIANNI GIANSANTI]

REISENOTIZEN

Seit dem 17. Jahrhundert, dem Zeitalter der grossen Entdeckungen, galt Afrika als unzugänglicher Kontinent, in dem nur Wilde und blutrünstige Tiere inmitten einer gleichgültigen, von geheimnisvollen Kräften beherrschten Natur hausten.

Diese widrigen Umstände verhalfen der Person des Forschers natürlich zu einer ungeheuren Popularität. Unter großen Gefahren für Leib und Leben brach er auf ins Unbekannte, entdeckte Seen, Flüsse, Berge und leistete so einen wichtigen Beitrag zur Entstehung neuer Landkarten.

Äthiopien war in dieser Hinsicht ein besonders interessantes Forschungsziel und, wie sich später herausstellen sollte, geschichtsträchtiger Boden: 1974 entdeckte man hier die Überreste von Lucy (oder Dinkenesh, wie sie die Äthiopier nennen), dem ältesten bekannten Hominidenskelett, cirka drei Millionen Jahre alt. Zu Beginn des 19. Jahrhunderts stellte Vittorio Bottego im Auftrag der Geografischen Gesellschaft Italiens eine Expedition aus 250 Askaris zusammen, die mit Eseln und Kamelen aufbrachen, das Geheimnis des Omo zu ergründen. Bottego erforschte dessen Verlauf bis zur Mündung in den Turkanasee und löste damit eines der größten Rätsel der modernen Geografie. Auf der Rückreise kam Bottego bedauerlicherweise gewaltsam ums Leben.

Heute leben in dieser Region mehr als 50 verschiedene Ethnien, davon etwa zehn Hauptgruppen, und es ist immer noch äußerst schwierig, zu ihnen zu gelangen. Ich weiß noch, dass ich nicht gerade begeistert reagierte, als mir eine Fotoreportage über den Unterlauf des Omo angeboten wurde. Und über Äthiopien wusste ich außerdem so gut wie nichts.

Ich besorgte mir alle möglichen Landkarten und sonstiges Material über das Gebiet, um mich über diese Menschen zu informieren, die bisher kaum mit dem so genannten Fortschritt in Berührung gekommen waren. Aber bis auf ein paar wenige Informationen in dem einen oder anderen Reiseführer und einige Kapitel in alten Fotobänden wurde ich nicht fündig. Jetzt begriff ich allerdings, warum man mir dieses Projekt angetragen hatte. Denn trotz aller ausgefeilten Kommunikationsmittel, die uns heutzutage zur Verfügung stehen, erreichen uns kaum Nachrichten aus dieser Region, die ungefähr so groß ist wie die Schweiz.

Irgendjemand musste also hinfahren und fotografieren ...

Wir beschlossen, eine erste Reise zu organisieren, um zu klären, ob überhaupt die Möglichkeit bestand, unser Vorhaben in vollem Umfang zu realisieren. Auf dieser ersten Reise bestätigte sich, dass die Schwierigkeiten tatsächlich enorm waren. Schon in der Trockenzeit war es äußerst kompliziert,

6–7 Der Omo durchfließt die Ebene in weiten Bögen.

8–9 Die blutige Mahlzeit der Surma. Sie zapfen ihren Rindern Blut ab und trinken es.

10–11 Ein Mursi-Krieger blickt ernst in die Kamera.

»An den Ufern des Omo«

13 Beim Flug über dem Gebiet der Bume bietet sich uns ein wundervoller Blick auf die üppige Vegetation entlang des Flusslaufes.

manche Dörfer zu erreichen, aber wenn erst der Regen fiel, wurden die Wege unpassierbar, und es bestand die Gefahr, tagelang festzusitzen. Dazu kam, dass der Besuch bei einigen Gruppen nur in Begleitung eines bewaffneten Rangers möglich war, da jeder Krieger dort eine Kalaschnikow besitzt und nicht zögert, sie zu gebrauchen.

Trotz alledem war ich so fasziniert von diesen scheinbar aus der Zeit gefallenen Menschen, dass ich beschloss, das Projekt weiterzuführen, auch wenn die folgenden Reisen noch härter werden würden. Manche Orte sind nämlich nur zu Fuß oder mit einer kleinen Propellermaschine zu erreichen. Es würde schwierig werden, aber es war der Mühe wert.

Afrika an sich lässt niemanden unberührt, aber Äthiopien hinterlässt in jedem Besucher tiefe Spuren. Die Vorbereitungen zu dieser komplizierten Reise dauerten Monate; unzulängliches Kartenmaterial und mangelnde Informationen stellten zusätzliche Hindernisse dar. Während der mehr als ein Jahrzehnt dauernden Diktatur des Obersten Mengistu Haile Mariam hatte sich das Land vollständig vom Rest der Welt abgeschottet. Fehlender Tourismus und spärliche Wirtschaftsbeziehungen trugen gewiss nicht dazu bei, die Lebensbedingungen der Menschen in Äthiopien zu verbessern. Andererseits – und ich bitte, dies nicht als Sarkasmus aufzufassen – blieb hier ein Teil Afrikas in relativer Ursprünglichkeit bewahrt. Bei den Ethnien am Unterlauf des Omo handelt es sich um, wenn man so will, archaische Gesellschaften, in denen Konsum und Kommerz nach unserem Verständnis weitgehend unbekannt sind.

Am Tag unserer Ankunft im Hilton Hotel in Addis Abeba informierte die italienische Botschaft alle Landsleute über die Möglichkeit eines terroristischen Anschlages auf das Hotel, da dort ein israelischer Minister abgestiegen war. Aber wir wollten uns die Gelegenheit, eine letzte Nacht ohne Moskitos und andere Stechmücken in einem richtigen Bett zu verbringen, nicht entgehen lassen. Ein aufmerksamer Blick auf den Verlauf unserer Expedition hatte mir nämlich bestätigt, dass wir nicht weniger als vierzehn Mal in unwegsamen Gebieten campieren würden. Am nächsten Morgen, einem Sonntag, brachen wir zeitig auf und ließen eine noch schlafende Stadt hinter uns. Nur ein paar Frauen in farbenprächtigen weiten Schals waren auf dem Weg zur Kirche. Nachdem wir mehrere hundert im Großen und Ganzen eintönige Kilometer zurückgelegt hatten, begann die Landschaft allmählich interessanter zu werden. Zwischen Schirmakazien und Vulkanhügeln tauchten die ersten Seen auf und begleiteten uns bis zu unserem ersten Halt in Arba Minch.

Dieser erste Abschnitt, den wir bis zur Abzweigung nach Sashemene zum größten Teil auf der Transafricana zurücklegten, war mit 460 Kilometern gleich der längste. Die ganze Zeit folgten wir dem Verlauf des Rift Valley und lasen dazu in unseren Reiseführern von dem faszinierenden, aber kaum zu glaubenden Phänomen, dass die ostafrikanische Erdplatte in einigen Millionen Jahren genau an dieser Nahtstelle abreißen und darüber ein neuer Ozean entstehen wird. Sashemene, ein wichtiger Verkehrsknotenpunkt, der Norden und Süden, Osten und Westen miteinander verbindet, gilt als die inoffi-

15 links Erfrischendes Bad im Neri. Der Bach fließt direkt an unserem Camp vorbei.

15 rechts Freiluftdusche auf dem Flugplatz von Tum.

zielle Hauptstadt der äthiopischen Rastafari-Gemeinde. Aus unzähligen Lautsprechern plärrt Musik. Mit seinen Bars, Bordellen und Fernfahrerkneipen ist Sashemene die letzte Touristenattraktion vor dem großen Sprung ins Nichts. Arba Minch, die Stadt der vierzig Quellen, erreichen wir gegen Abend. Von der Terrasse des Bekele-Molla-Hotels bietet sich uns ein grandioses Panorama auf den Abaya- und den Chamosee, die in ihrer ganzen unaufdringlichen Pracht vor uns liegen, nur durch einen niedrigen Bergrücken getrennt, die »Brücke Gottes«. Dann eine letzte Dusche, ein letztes Telefonat mit zu Hause, und schon rücken uns die ersten Mücken zu Leibe. Wir sinken in den Schlaf und vergessen unsere Ängste um die kaum begonnene Reise.

Ein einschneidendes Erlebnis war mit Sicherheit der Besuch bei den berüchtigten Mursi in dem Dorf Komba. Die zweite Nacht, die wir im Mago-Nationalpark campierten, war begleitet von dem permanenten Rauschen des nahe gelegenen Wildbaches Neri und dem aggressiven Kreischen der zahlreich vertretenen Colobusaffen. Zur Morgentoilette blieb uns nichts anderes übrig, als in das schmutzigbraune Wasser zu springen, das direkt neben uns vorbeifloss. Aber es erfüllte seinen Zweck.

Nach dem Frühstück besprachen wir den Tagesablauf. Um Probleme zu vermeiden, stattet man den Dörfern der Mursi eigentlich nur in Begleitung bewaffneter Ranger einen Besuch ab, denn die Mursi-Krieger gelten in Äthiopien als ausgezeichnete Räuber und professionelle Diebe. Ob es stimmt, dass sie einem ihrer Opfer die Schuhe im Gehen von den Füßen klauten, ohne dass der Unglücksrabe etwas davon mitbekam, sei dahingestellt ... Was ich

Aus meinem Tagebuch ... »Ich bin umgeben von nackten, bunt bemalten Kindern, die mich entgeistert anstarren.«

17 Ein seltenes Lächeln mildert die strengen Gesichtszüge eines Mursi.

also in keinem Fall aus den Augen lassen durfte, waren meine Kameras. Nach einem zermürbenden Kampf mit den uneingeschränkten Herrscherinnen dieser Gegend, den Tsetsefliegen, erreichten wir schließlich das Dorf.

Kaum sahen uns die Mursi kommen, waren wir schon von ihnen umringt. Ihre langen, muskulösen Körper und die harten, gezeichneten Gesichter können einem durchaus Respekt einjagen. Gleich danach kamen auch die Frauen mit ihren berühmten Lippenplatten, die so groß waren, dass sie ihre halb geschlossenen Münder zu zerreißen schienen. Fasziniert bestaunten wir diese Menschen und ihr Dorf, das aus kaum zehn Hütten bestand. Wir brachten den ganzen Tag damit zu, Gesichter, Menschengruppen, Frauen und Kinder zu fotografieren. Ob Mann oder Frau, alle waren bezaubernd in ihrer Natürlichkeit, aber keiner verzichtete auf passenden Kopfputz. Tierhörner, Eisenringe, die weiß Gott woher stammten, selbst bunte Wollknäuel mussten als Schmuck herhalten. Zum Beweis ihrer Gastfreundschaft (und auch, um uns ein paar Birr zu entlocken) beschlossen sie schließlich, uns eine Kostprobe des Donga-Stockkampfes zu bieten. Zwei Kontrahenten postierten sich in der Dorfmitte und begannen, sich im Kampf zu messen, wobei sie in dieser Trainingsrunde selbstverständlich auf die bösartigsten Schläge verzichteten. Ich fotografierte das Schauspiel von einem Baum herunter, nachdem ich einen dicken Ast entfernt hatte, der mir die Sicht versperrte.

Zum Abschluss unseres Besuches bekamen wir noch eine Tanzaufführung geboten. Danach erwartete uns eine dreistündige Fahrt auf holpriger Straße zurück in unser Lager, aber die Erinnerung an dieses emotional aufwühlende Erlebnis milderte die Strapaze.

Ein weiteres aufregendes Abenteuer war der Fußmarsch, den wir zurücklegten, um ein Dorf der Surma am Westufer des Omo zu erreichen.

Ich war gerade dabei, meine Fotoapparate im Hof des Militärpostens in Tulgit einzupacken, als ich

»Pfade im hohen Gras«

22 Angeführt vom Oberhaupt des Surma-Dorfes Kormu, kehrt unsere Expedition nach Kibish zurück

„ETHIOPIA 2003/04
„OMO VALLEY"

aufschaute und mich von nackten, bunt bemalten Kindern umgeben sah, die mich neugierig anstarrten. Die Kunstfertigkeit ihrer Körperbemalung und die Eleganz, mit der diese getragen wurde, nötigten mir wahrscheinlich mehr Staunen ab als ich ihnen. Und so griff ich wieder in meine Fototasche, holte die eben verstaute Kamera heraus und begann zu fotografieren. Kurz danach brachen wir auf und fuhren eine lange, steile, staubige Straße entlang, bis sich oben auf dem Gipfel vor unseren Augen das grüne Tal des Omo auftat, so weit der Blick reichte.

Direkt unter uns lag Kibish: ein paar Blechdächer, einige wenige Hütten, drei Esel. Aus diesen armen Tieren, zwei Soldaten, zwei Trägern und zwei Helfern, die wir auf die Schnelle in Mizan Teferi angeworben hatten, setzte sich schließlich unsere Expedition nach Kormu zusammen.

Wir brachen erst gegen Mittag auf, was man in diesen Breiten eigentlich vermeiden sollte, und so erwartete uns auch ein entsprechend harter Fußmarsch. Zuvor hatten wir uns genau überlegt, was wir alles mitnehmen wollten. Sechs, sieben Tage würden wir in der Wildnis verbringen. Außer unseren Zelten und Medikamenten hatten deshalb vor allem Wasser, Lebensmittelvorräte, Batterien und Filme oberste Priorität.

Auf dem Weg nach Kormu mussten wir diverse Male Halt machen. Die drückende Hitze lähmte unsere Beine, und die Strecke, die vor uns lag, führte leider stetig bergauf. Nach dreieinhalbstündigem Marsch gelangten wir endlich an den Fuß des Berges, wo sich das Dorf befand, dessen Oberhaupt uns zur Begrüßung gleich entgegenlief. »Chally?«, fragte er, was so viel bedeutet wie: »Alles in Ordnung?« »Chally«, antworteten wir, »... bis auf die Hitze«, fügte ich stumm hinzu.

In dieser Nacht schüttete es wie aus Kübeln. Fassil und Mekkonen, unsere einheimischen Helfer, fanden wir am nächsten Morgen in eine Plastikplane gewickelt. Die Soldaten und die beiden Träger hatten es offensichtlich besser getroffen und in einer der Hütten Unterschlupf gefunden. Ein rasch entfachtes Feuer wärmte uns und weckte unsere Lebensgeister. Fassil bereitete das Frühstück zu, aus Eiern, Milch und Maismehl, die wir – zusammen mit einem Zicklein – vom Ältesten, Bar Gamoghy Doroty, geschenkt bekommen hatten. Das klare, warme Licht des frühen Morgens hüllte unser Camp in zartes Rosa.

Im Dorf machte sich Ghere Kara, die Spezialistin für Körperbemalung, an ihre Arbeit und bemalte die Gesichter von ein paar Kindern mit einer Kalaschnikow-Patronenhülse. Dazu befeuchtete sie die Oberfläche eines Steins mit Wasser und schabte die gelöste Farbe ab. Später wurde das Bodypainting am Bach fortgesetzt, wo die Jungen ihre Körperpflege verrichteten und die Mädchen Wasser holten. In dieser Jahreszeit war der Bachlauf ziemlich ausgetrocknet, aber die kleine Quelle lieferte ausreichend

 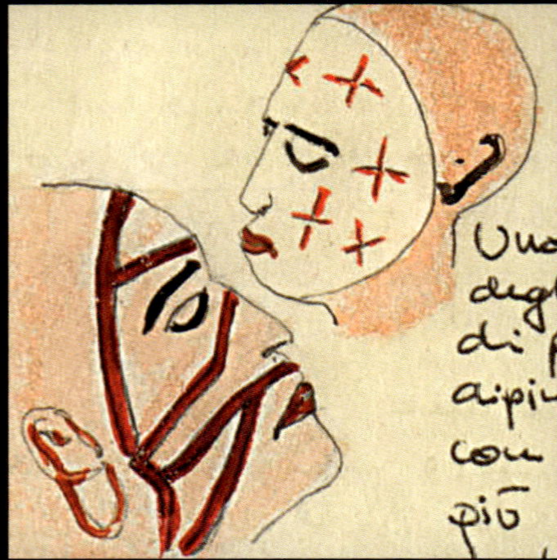

Aus meinem Tagebuch …
»Ich staune, mit welcher Kunstfertigkeit die Körper bemalt sind und mit welcher Eleganz sie zur Schau gestellt werden.«

25 Eine Frau bemalt das Gesicht eines Kindes mit der Patronenhülse einer Kalaschnikow.

Wasser, um sich gründlich zu waschen. Kreise, Striche und geometrische Figuren waren die häufigsten Motive und blieben so lange auf dem Körper, bis sie wieder abgewaschen wurden. Nicht ein Fleckchen Haut wurde ausgespart. Gesicht, Oberkörper, Schultern, Beine und selbst intime Körperteile wurden mit der gelösten Farbe verschönert, die mittels kleiner Stöcke, Stängel und Blütenkronen aufgetragen wurde.

Gegen 12 Uhr mittags kehrten wir in das Dorf zurück. Die Hitze war unerträglich. Den ganzen Nachmittag über machte ich weiter Aufnahmen, und als es Abend wurde, bot sich uns ein fantastisches Schauspiel. Der Vollmond tauchte das ganze Tal in weißes Licht, während unzählige Sterne am klaren Himmel funkelten. Auf den Hügeln ringsum flackerten offene Feuer und deuteten auf die Präsenz einer Hütte, einer Familie – von Leben – hin.

Eine weitere bewegende Erfahrung war der Flug in einer Cessna über den Flusslauf des Omo. Unser Ausgangspunkt lag in Murle, im Camp der Rift-Valley-Safaris, einem gottverlassenen Flecken, wo sich der Fluss einer Sinuskurve gleich alle 200 bis 300 Meter mal nach rechts, mal nach links schlängelt. Um unabhängig zu sein und uns an den drei vorgesehenen Flugtagen selbst versorgen zu können, mussten wir die nötigen Treibstoffvorräte zuvor aus Addis Abeba kommen lassen. Um 6 Uhr früh sollte das Flugzeug aufgetankt werden, und um 7 Uhr, wenn das Licht am besten war, wollten wir

Aus meinem Tagebuch … »Zeitig besteigen wir das Flugzeug. Das Licht ist noch schwach, und die ersten Dörfer scheinen wegen der langen Schatten überdimensional groß zu sein.«

losfliegen. Noch heute habe ich das Bild vor Augen, wie in der Morgendämmerung die ersten Ansiedlungen und Hütten, die wegen der langen Schatten von oben viel größer wirkten, unter uns auftauchten. Auf der Suche nach Dörfern der Surma wandten wir uns zuerst nach Norden und überflogen dabei einige Dörfer der Karo. Da das Siedlungsgebiet der Surma sehr hügelig ist, erschwerten Aufwinde unsere Arbeit beträchtlich und stellten die Flugkünste unseres Piloten, Kapitän Salomon, auf eine harte Probe. Wir drehten viele Runden und schossen nur wenige Fotos.

Aufs Geratewohl Ausschau nach den Surma-Dörfern zu halten glich der Suche nach der berühmten Stecknadel im Heuhaufen. Als wir über dem Tal von Kibish flogen, erkannten wir Kormu, wo wir bereits einige Nächte verbracht hatten. Im Tiefflug über den Hütten kreisend, begrüßten wir seine Bewohner. Von oben gesehen, präsentiert jedes Dorf seine eigene Besonderheit. Die in trockenen, wüstenhaften Regionen gelegenen Dörfer der Galeba zum Beispiel sind sehr weitläufig und ähneln den Ansiedlungen der Bume, nur dass deren Gebiet näher am Fluss liegt. Die Karo leben in hübschen Dörfern am Fluss, während sich die eng gedrängten Hütten der Surma in gebirgigen Regionen befinden. Die Dörfer der Mursi, deren Bewohner sich die Hütten teilen, liegen in der Nähe des Flusses Mago. Und bei den Hamar schließlich besitzt jede Familie eine eigene Hütte und einen Pferch für die Tiere in großzügig angelegten Dörfern.

Am Ende dieses Arbeitstages beschlossen wir spontan, einen kurzen Zwischenstopp in Turmi einzulegen und dort eine Kiste Bier zu erstehen. Die Vorstellung von einem Bier zum Abendessen, selbst wenn es lauwarm war, war allzu verlockend. Nachdem Kapitän Salomon zwei Mal im Tiefflug über die unbefestigte Landebahn hinweggebraust war, um die grasenden Kühe zu vertreiben und die Löcher zu begutachten, setzte er unsere Cessna in einer

»SCHATTEN IM STAUB.«

Der Schatten der Cessna zeichnet sich über dem Galeba-Dorf Omorate ab und weckt die Neugier der Bewohner.

Augen eines Mursi.

Staubwolke auf. Die Motoren liefen noch, und der Propeller drehte sich gefährlich, als bereits die ersten Neugierigen in Scharen angelaufen kamen. Unter ihnen waren auch Gallo, Irish und Kala, die laut unsere Namen riefen, als sie näher kamen und uns erkannten. Freudig umarmten sie uns. Es dämmerte bereits, als wir das Bier in der Bar von Assafu kauften und wieder aufbrachen. Dann ein letzter Blick aus der Höhe auf die lächelnden Gesichter unserer Freunde. 20 Minuten später würden wir in Murle landen, gerade noch rechtzeitig vor Einbruch der Dunkelheit in diesem Land, in dem Zeit eigentlich keine Rolle spielt.

Aber meine schönste Erinnerung ist die an Kala, einen Hamar-Jungen von vielleicht zwölf, dreizehn Jahren, der aus einem kleinen Dorf stammt, das ungefähr eine halbe Stunde Fußmarsch von dem kleinen Flugfeld von Turmi entfernt liegt. Wie alle Teenager seines Dorfes kann Kala es kaum erwarten, endlich die Pubertät hinter sich zu lassen und mit einem Sprung über die Bullen zum Mann zu werden. Das wird der schönste Tag seines Lebens sein. Aber er hat noch einen anderen Traum, den er eifersüchtig hütet und mir erst an meinem letzten Tag in Turmi im Delirium offenbart. Schuld daran war wahrscheinlich das hohe Fieber, das er in der Nacht zuvor bekommen hatte. Ich sah, wie Kala sich auf die Erde zum Schlafen legte und das lange Kleidungsstück, das ihm als Decke diente, ein Stück zurückschlug. Durch den kleinen Spalt vor seinem Gesicht konnte ich seine müden, geröteten Augen erkennen. »Malaria«, murmelte er. »Es ist jetzt das zweite Mal in kurzer Zeit!«

Dann schlief er erschöpft ein. Ich betrachtete den schlafenden Jungen im Schein der Petroleumlampe, während Anaylem in der Hütte, die uns als Küche diente, das bisschen Geschirr aufräumte. Wenn Kala in dieser Nacht geträumt hatte, dann bestimmt von

Der Bullensprung der Hamar.

dem Fahrrad, von dem er mir erzählte, als ich ihm vor dem Einschlafen noch eine Chinintablette gab. Er hatte es satt, ständig alles zu Fuß zurückzulegen. Mit einem Fahrrad wäre er unabhängiger, freier gewesen. Vielleicht spekulierte er auch auf die Bewunderung seiner Freunde. Kalas Arbeit im Camp am Kaskè bestand darin, den wenigen Fremden, die es bis nach Turmi verschlug, zur Hand zu gehen, ihre Zelte aufzubauen, sie zu bewachen, in der Küche zu helfen und auf die Bäume zu klettern und Mangofrüchte herunterzuholen.

Als er am nächsten Morgen erwachte, ging es ihm sichtlich besser, aber das Fahrrad erwähnte er mit keinem Wort. Ich begriff, dass ihm die Malaria wahrscheinlich einen Streich gespielt und ihn Dinge hatte sagen lassen, die er gar nicht dachte oder lieber nicht erzählen wollte. Wir verabschiedeten uns, ich schenkte ihm eines meiner T-Shirts, das er unbedingt haben wollte, zahlte ihm die ausgemachte Menge an Birr (etwas mehr sogar) und umarmte ihn fest. Wer weiß, wann ich ihn wieder sehen würde. Als der Geländewagen langsam losfuhr, rannte Kala neben uns her und lud mich ein, zu seinem Bullensprung wiederzukommen. »Why not? Let me know!«, rief ich durch das Fenster, während der Wagen sich in einer Staubwolke entfernte.

Vor kurzem habe ich einen Brief aus Äthiopien erhalten. Von Kala. Wahrscheinlich will er mir schreiben, wann und wo die Zeremonie stattfindet, denke ich. Aber nein. Nach den üblichen einleitenden Fragen zu meiner und der Gesundheit meiner Familie kommt Kala sofort auf den Punkt und erinnert mich wieder an seinen Traum von einem Fahrrad, von dem er nicht weiß, wie er ihn verwirklichen soll. Mir scheint, jetzt ist der geeignete Zeitpunkt gekommen, diesem Hamar-Jungen seinen Herzenswunsch zu erfüllen. Ein weiterer Grund, wieder in das ferne Afrika zurückzukehren.

… KURZE, FLÜCHTIGE
AUGENBLICKE
INTENSIVEN LEBENS,
DIE EINEN
SCHRIFTSTELLER ZU
EINEM GEDICHT
ANREGEN, IN MIR
ABER EIN
BILD, EINE
ZEICHNUNG
HERVORRUFEN.

Nacht über Kormu.

GIANNI GIANSANTI
ETHIOPIA 2003/04
"OMO VALLEY"

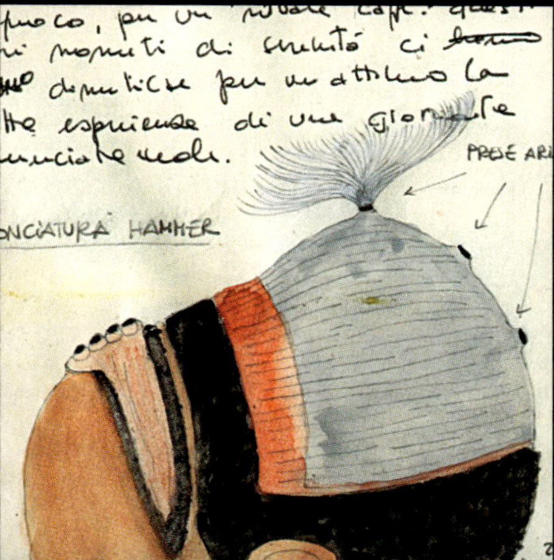

Haartracht der Hamar.

Bume-Dorf am Fluss Omo.

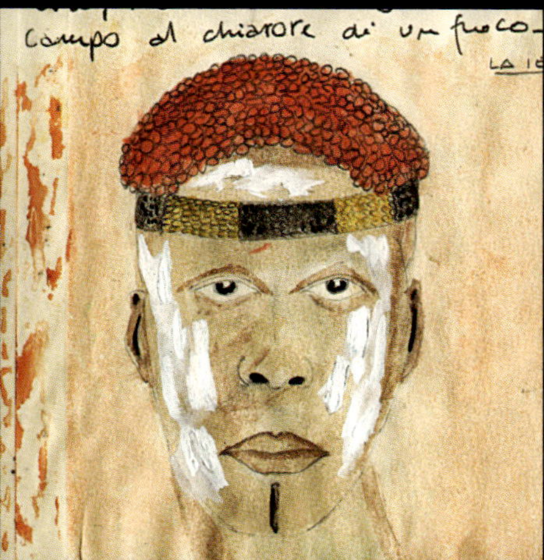

Gesichtsbemalung der Karo.

Der *iwangadi*-Tanz.

Titelseite des Tagebuchs
von Gianni Giansanti.

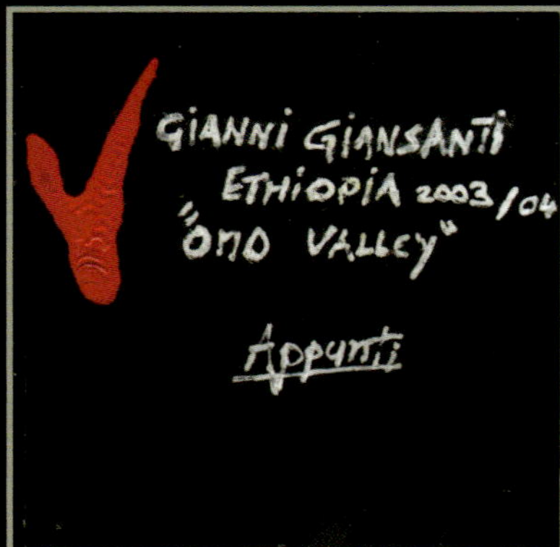

Beim Betrachten der Aufnahmen
in einem Dorf mit den Hamar von Turmi.

In einem Einbaum der Karo
auf dem schlammigen Omo.

In prekärer Lage beim Fotografieren der Mursi-Krieger in Komba.

Mit einem kleinen Mädchen
vor einer Hütte.

Eine Karo-Frau beim
Mahlen des Sorghums.

34 und 35 Erbore-Frau und Surma-Krieger: Die spiralförmigen oder runden Ohrringe sind aus Eisen gefertigt.

Die Fantasie der jungen Surma
kennt keine Grenzen.

Begegnung mit Zery und ihrer Tochter
Nemery in der Nähe des Flusses.

Schnappschüsse aus dem Flug-
zeug im späten Nachmittagslicht.

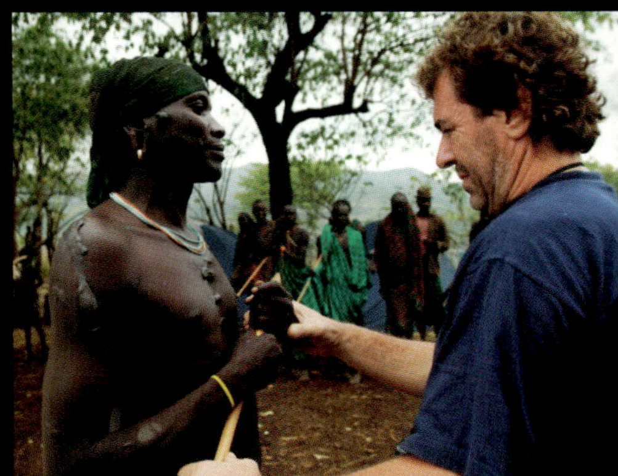

Erinnerungsfoto mit einer jungen
Hamar vor dem Bullensprung.

Letzte Vorbereitungen für
das Porträt eines Surma-Kriegers.

In einer Kneipe
auf dem Markt von Dimeka.

36–37 Hörner und Lippenscheiben sind typisch für die Frauen der Mursi und verleihen ihnen ein aggressives Aussehen.

[PAOLO NOVARESIO]

EIN FLUSS VOLLER GEHEIMNISSE

VOR 15 MILLIONEN JAHREN ÖFFNETE SICH IM FELSIGEN LANDRÜCKEN DES OSTAFRIKANISCHEN PLATEAUS EIN BIS ZU SIEBEN KILOMETER TIEFER GIGANTISCHER GRABEN, DAS RIFT VALLEY.

Die Entstehung dieses riesigen Spaltes, der Afrika vom Roten Meer bis nach Mosambik durchzieht, war von heftigen vulkanischen Aktivitäten begleitet, deren Folgen vor allem in Äthiopien sichtbar sind. Zu beiden Seiten des Spalttales erstreckt sich eine weitläufige Hochebene, eine zerklüftete, von einer dichten schwarzen Lavaschicht bedeckte Gebirgslandschaft. Auf seinem Grund reihen sich Seen wie Perlen an einer Schnur. Durch diese archaische Landschaft hat der Omo in Millionen Jahre dauernder Erosionsarbeit sein Flussbett in den harten Felsboden gegraben. Der Omo entspringt an den Hängen des Berges Amhara, einige hundert Kilometer westlich von Addis Abeba. Lange stürzt der Fluss in gewaltigen Katarakten zwischen hohen Felswänden dahin. Nach der Brücke von Gibé, auf der Strecke zwischen Addis Abeba und Jima, wechselt der Omo in ein raues und ödes Gebiet, wo sich die Straßen – häufig nur simple Pisten – in der Regenzeit in schlammige Gräben verwandeln und praktisch unpassierbar werden. Nach mehreren hundert Kilometern tritt der Omo aus den Bergen und empfängt seine letzten Zuflüsse. Bevor er sich in den Turkanasee ergießt, durchströmt er zwei große Naturschutzgebiete, den Omo- und den Mago-Nationalpark. In diese beiden äußerst abgelegenen Parks verirrt sich bislang nur ein gutes Dutzend Besucher im Jahr. Einem Ausbau des Tourismus stehen problematische Umweltbedingungen und eine schwierige politische Situation entgegen. Banden von Wilddieben, die es auf Fleisch und Elfenbein abgesehen haben, stellen eine konstante Bedrohung dar. Das Rhinozeros ist gänzlich verschwunden, und die Anzahl der Elefanten nimmt alarmierend ab. Auf dem weiteren Weg zum Turkanasee werden die Ufer des Flusses praktisch unpassierbar. Undurchdringlicher Regenwald säumt den Flusslauf, im Wasser tummeln sich Krokodile und Nilpferde, und das ungesunde Klima trägt sein Übriges dazu bei, dass die Bewohner der Region das Flusstal nie als Handels- und Kommunikationsweg, sondern stets als Hindernis sahen, das es zu überwinden galt.

Kurz vor der Mündung in den Turkanasee verändert sich die Landschaft. Auf dichten, hohen Baum-

Addis Abeba
ÄTHIOPIEN
K'oh'a-See
Ziwaysee
Omo
Abyatasee
Langana-see
Jima
RIFT VALLEY
Shalasee
Awasasee
Omo
Abayasee
SURMA
Tum
Tulgit
Kibish
Kormu
MURSI
Chamosee
MAGO-NATIONALPARK
BUME
BANNA
SUDAN
KARO
ERBORE
KONSO
Labouk
HAMAR
Omo
BORANA
GALEBA
El Sod
Turkana-see
KENIA
COPYRIGHT WORLDSAT INTERNATIONAL

bestand folgen niedriges Akaziengestrüpp und sonnenverbrannte Steppen. Lediglich die Umrisse der bis zu fünf Meter hohen Termitenhügel ragen aus der eintönigen Landschaft. Gemächlich windet sich der Fluss in weiten Schleifen dem See entgegen, der sich auf einer Länge von über 300 Kilometern zwischen den Ausläufern des Rift Valley erstreckt. Das Flussdelta schiebt sich wie ein Finger tief in den See hinein, von oben deutlich an der unterschiedlichen Färbung und dem Bewuchs mit Sumpfpflanzen erkennbar. Dieses Phänomen ist darauf zurückzuführen, dass das Wasser des Omo süßer und leichter ist als das sodahaltige des Turkanasees und deshalb länger an der Oberfläche bleibt. Irgendwann lässt der Druck der nachfließenden Strömung nach, und Sedimente lagern sich ab. In den vergangenen zwei Jahrzehnten ist der Wasserspiegel des Sees um zirka 15 Meter gesunken. Die Ursachen dieses drastischen Rückgangs sind klimatische Veränderungen und ein geringerer Zufluss des Omo, der vermehrt zur Bewässerung herangezogen wird. Gleichzeitig führten die Ausdünnung der ursprünglichen Vegetation und verstärkte landwirtschaftliche Aktivitäten im Oberlauf zu einer deutlichen Zunahme der Bodenerosion und gesteigerter Sedimentanschwemmung. Das Zusammenwirken dieser Faktoren hat zur Folge, dass sich das Omo-Delta immer mehr verbreitert und ein Paradies größter Biodiversität zu werden verspricht.

Es ist erst ein knappes Jahrhundert her, dass der Süden Äthiopiens auf den Karten des Kontinents Gestalt angenommen hat. Diese letzte, geheimnisvolle *terra incognita* Afrikas enthüllte den ersten Forschern nicht nur eine unberührte Natur von überwältigender Schönheit. In diesem vergessenen Winkel der Erde verbargen sich zudem isoliert lebende Völker, die bis heute eigene Sitten und Gebräuche pflegen. Volksgruppen wie die Galeba, Surma, Mursi, Karo, Bume, Erbore, die alle miteinander verwandt sind und sich immer wieder untereinander vermischt haben, betonen voller Stolz ihre kulturelle Eigenständigkeit. Mehr als 45 Ethnien mit einem Gewirr aus Sprachen und Kulturen, das sich jeglicher Klassifikation entzieht, bewohnen den Unterlauf des Omo. Die zur omotischen Sprachfamilie gehörenden Stämme praktizieren Subsistenzwirtschaft. Sie leben von Ackerbau und Viehzucht, jagen und sammeln Früchte. Die Männer sind Krieger, hart gegen sich selbst und andere, und doch in der Lage, rohe Gewalt in Kunst zu transformieren. So hat sich der Stockkampf zu einer eleganten Tanzdarbietung auf Zehenspitzen gewandelt. Die mit Kalk und bunten Mineralien bemalten Körper gleichen bewegten Fresken. Selbst Gewehre, die Hinterlassenschaft vieler vergessener Kriege, wurden zu Körperschmuck.

Weiter im Osten leben die Hirtenvölker der Hamar und Banna mit ihren spektakulären Ritualen. Die Männer schmücken sich mit Straußenfedern, die Frauen bemalen sich mit leuchtend rotem Ocker. Der Schönheitskult ist ein unumstößlicher Pfeiler ihres gesellschaftlichen Lebens. Nicht weit davon entfernt, jenseits der Ufer des Woito River, bewachen die Totems der Konso die Gräber ihrer Vorfahren. Diese hölzernen Statuen mit ihren eckigen Gesichtern erheben sich vor der Kulisse sorgfältig mit Hirse und Mais bepflanzter Hügel. Dringt man weiter in den Süden, zu den ausgedörrten Ufern des Lake Chew Bahir vor, verschwinden die geometrischen Felder und gepflegten Dörfer. Der See bildet die westliche Grenze zum Territorium der nomadischen

Borana, die sich in dieser Wüste aus Felsen und glühendem Sand auf ständiger Wanderschaft befinden. Ihre Herden sind ihr einziger Besitz und eine wertvolle Nahrungsquelle in einer lebensfeindlichen Umgebung.

Ende des 19. Jahrhunderts war der Süden Äthiopiens noch gänzlich unbekannt. In Ermangelung konkreter Daten ließen sich die Geografen jener Zeit zu abstrusen Hypothesen hinreißen. War der Omo einer der Quellflüsse des Juba? Oder über den Sobat gar ein Nebenfluss des Nils? Eine weitere Theorie äußerte die kühne Vermutung, der Fluss bilde sein eigenes hydrographisches System. Lange blieb es ein ungelöstes Geheimnis, wo dieser schlammige, weit im Norden entspringende Wasserlauf endete. In den späten 1880er Jahren war der Franzose Jules Borelli dem Oberlauf des Flusses bis auf 6°50' nördlicher Breite gefolgt. Hier vollführt der Omo einen scharfen Knick nach Westen und verläuft entlang der Grenze zwischen den Provinzen Kaffa und Gamu-Gofa. Borelli stellte die Behauptung auf, dass der Omo, nachdem er eine weitere große Kurve Richtung Süden beschreibt, in einen großen See mündet, den Shambara, wie er von den Einheimischen genannt wurde.

Einige Jahre zuvor war es dem Engländer Thomson gelungen, über das Territorium der Maasai zum Baringosee vorzudringen. Dort erfuhr er, dass sich im Norden noch ein weiterer großer See befinden sollte – der Samburu. Handelte es sich dabei um denselben See wie bei Borellis fabelhaftem Shambara? Und wenn dem so war, endete hier der Lauf des Omo? Oder ergoss er sich doch in den Nil?

Während Borelli sich noch an den unsicheren Grenzen zur Provinz Kaffa aufhielt, brach von Sansibar aus eine neue Expedition ins Landesinnere auf. Ein Jahr lang war die von Graf Teleki von Szek und Ludwig von Höhnel geführte Gruppe bereits unterwegs, als sich ihr am 6. März 1888 am Rand des nördlichen kenianischen Rift Valley plötzlich ein überraschender Anblick bot: Vor ihnen erstreckte sich eine immense Wasserfläche. Wie eine Vision füllte der Turkanasee den Horizont mit seiner »schillernden, dunkelgrünen Wasserfläche, so weit das Auge reichte«. Teleki taufte die Entdeckung feierlich auf den Namen Rudolfsee, zu Ehren Seiner kaiserlichen Hoheit, des Erbprinzen von Österreich und Ungarn. Aber eine schlimme Überraschung erwartete die von Durst geplagten Entdecker. Sein Wasser war so sodahaltig, dass man es nicht trinken konnte. Nach tagelangem Zweifeln beschlossen Teleki und von Höhnel, den Marsch entlang des Ostufers fortzusetzen.

Einen Monat später erreichte die Expedition das Gebiet der Galeba (Teleki nennt sie Reshiat), wo sich die Männer endlich mit Proviant versorgen konnten. Der Stefaniesee, oder Lake Chew Bahir, war nur ein paar Tagesmärsche entfernt. In von Höhnels Bericht wird er als grässlicher Sumpf beschrieben, in dem es vor toten Fischen und verendeten Krokodilen und Flusspferden nur so wimmelte. Der See war bereits damals am Verlanden, heute ist er von einer Salzdecke überzogen. Als die Expeditionsteilnehmer wieder in ihr Lager am nördlichen Rudolfsee zurückgekehrt waren, sahen sie sich mit einem unerwarteten Hindernis konfrontiert. Eigentlich hatten sie die Absicht gehabt, am Westufer des Sees weiterzuziehen, aber ein großer Fluss, der Nianam, versperrte ihnen den Weg. Auch die Suche nach einer Furt blieb erfolglos, und so entschloss sich Teleki schweren Herzens zur Rückkehr. Die Ergebnisse von Telekis Unternehmung waren von größter Bedeutung. Die exakten Umrisse des Rudolf- und Stefaniesees füllten bisher weiße Flecken auf den Landkarten, dazu kamen die Namen vormals unbekannter Berge, Sümpfe, Flüsse und Stämme. Während der kurzen Erkundung des Omo – oder Nianam, wie er genannt wurde – bot sich von Höhnel auch die Gelegenheit, Informationen über die Bewohner dieser Region zu sammeln. In seinem Tagebuch ist ausführlich von den Hamar, Bashada und den Bume die Rede. Mit großer Akribie beschreibt er ihre Sitten und Gebräuche, nicht zuletzt ihre Lippenscheiben. Der exakte Verlauf des Omo blieb zwar weiter im Dunklen, aber ein erster Schritt war getan.

Im Jahr 1895 folgte Arthur Henry Neumann, ein professioneller Elefantenjäger, dem Flusslauf bis zu dessen Vereinigung mit dem Mago. Das Unternehmen erwies sich als schwierig. Am Neujahrstag 1896 wurde einer seiner Männer von einem riesigen Krokodil gepackt und in die Tiefe gezogen, Neumann selbst zehn Tage später beinahe von einem wütenden Elefanten in Stücke gerissen. Er hatte Glück im Unglück. Nach zwei Monaten schmerzhafter Rekonvaleszenz konnte er die Ufer des Rudolfsees mit einer Ladung Elfenbein verlassen.

Noch im selben Jahr war ein anderer Reisender Telekis Spuren gefolgt. Der Amerikaner Donaldson Smith hatte sich, aus Somalia kommend, mit Waffengewalt Zutritt zum Gebiet der Borana verschafft, war bis zum Lake Chamo vorgedrungen und in Sichtweite des Stefaniesees herausgekommen. Nach dessen Vermessung hatte er sich Richtung Omo gewandt, fest entschlossen, herauszufinden, ob es sich dabei tatsächlich um Telekis sagenhaften Nianam handelte. Donaldson Smith folgte dem Flusslauf über Hunderte von Kilometern. Nach dem Gebiet der Karo verengte sich der Fluss zu einem reißenden, stellenweise nur noch 20 Meter breiten Wildbach. Smith schloss daraus, dass die Quellflüsse nicht mehr weit sein konnten und möglicherweise gleich hinter den Bergketten lagen, die das weite Tal einschlossen. Folglich konnte der Nianam nicht der Omo sein. Aber in Wirklichkeit war Donaldson Smith auf der Suche nach einem Weg aus dem labyrinthischen Sumpfgebiet rings um die Mündung des Mago dem Verlauf des Zuflusses gefolgt. Der scharfe Knick des Omo an dieser Stelle in Richtung Südwesten hatte ihn vollends verwirrt. Statt Klarheit in die Angelegenheit zu bringen, hatte er sie nur noch verworrener gemacht.

Der Verlauf des Omo stellte das letzte Rätsel der afrikanischen Geografie dar. Vittorio Bottego, ein italienischer Offizier, wollte es unbedingt lösen. Bottego war ein Mann von kräftiger Statur, wagemutigem Charakter und großer Entschlossenheit. Hinzu kamen beste Kenntnisse in Botanik, Zoologie, Geologie und Kartografie. Seine Fähigkeiten hatte er bereits auf einer früheren Reise zu den Quellen des Juba unter Beweis gestellt und sich damit die Achtung der neu gegründeten Geographischen Gesellschaft Italiens sowie zahlreicher Bewunderer erworben. Bottego hatte sehr präzise Vorstellungen. Er beabsichtigte, an der Stelle, an der Borelli 15 Jahre zuvor aufgegeben hatte, zu beginnen und dem Fluss von dort bis zur Mündung zu folgen, wo immer diese sich auch befinden mochte. Am 12. Oktober 1895 brach die aus mehreren hundert Mann und 160 Lasttieren bestehende Expedition von Somalias Südküste auf und erreichte sechs Monate später den Abayasee, eines der sieben natürlichen Wasserbecken im äthiopischen Rift Valley. Exakte Messungen schlossen die Möglichkeit aus, dass der See – den Bottego nach der italieni-

Prachtvoller Blick auf den Omo vom Karo-Dorf Korcho aus.

schen Königin Margherita benannte – mit dem Omo in Verbindung stehen könnte. So blieb den Forschern nichts anderes übrig, als den Marsch über die unwegsamen Berge westlich davon fortzusetzen. Je weiter sich die Karawane in die Hochebene vorwagte, desto ausgeprägter wurden die Feindseligkeiten der Abessinier. Bottego wusste nichts davon, aber nur drei Monate zuvor hatten italienische Truppen bei Adua eine schlimme Niederlage erlitten. Die äthiopischen Befehlshaber an der Grenze zu Kaffa reagierten mit offener Feindseligkeit auf die Fremden und griffen sie ohne Unterlass an. Auf beiden Seiten gab es Tote und Verwundete. Aufgrund der Übermacht des Feindes wurde die Situation bald hoffnungslos, aber Bottego hielt an seinem Vorhaben fest. Am 29. Juni 1896 tauchte plötzlich der majestätische Flusslauf des Omo auf. Die Forscher machten keinen Hehl aus ihrer Ergriffenheit. »Stumm und betroffen blieben wir stehen und bewunderten jenen unbekannten Landstrich, den wir uns in unserer Fantasie so oft und auf tausend verschiedene Arten ausgemalt hatten und der sich jetzt in seiner ganzen feierlichen Wirklichkeit vor uns erstreckte.«

Die astronomische Vermessung bestätigten ihre Position auf 6°43' nördlicher Breite. Um nicht in einen Hinterhalt der Abessinier zu geraten, beschloss Bottego, die Wälder der Talsohle zu meiden und sich erneut in die Berge zurückzuziehen. Es folgten schwierige und entbehrungsreiche Tage. Nach drei strapaziösen Wochen fanden sich Bottego und seine Begleiter auf einer weiten, grasbewachsenen Ebene wieder. Hier mündete der Dinchia in den Omo, der einen scharfen Haken Richtung Süden schlug. Dem gewundenen Flusslauf folgend, der bald darauf wieder Richtung Osten floss, kamen die Forscher in ein von dichter Vegetation bedecktes Sumpfgebiet. Hier wiederholte Bottego den Fehler von Donaldson Smith und drang in das Tal des Mago vor, um seinen Irrtum kurz danach einzusehen. Die Männer kehrten um, und eine Woche später wurde die Mündung des Flusses entdeckt. Das Schauspiel, das sich den Italienern vom Gipfel eines Berges aus bot, ließ keinen Zweifel offen. Langsam ergoss sich der Omo in das jadegrüne Wasser des Rudolfsees. »In diesem Augenblick«, schreibt Bottego, »ist das letzte große Rätsel der modernen Geografie gelöst. Unser Traum ist wahr geworden.«

Mit einer Exkursion an den Stefaniesee konnten die Elfenbeinvorräte, die bereits angehäuft worden waren, noch erheblich vergrößert werden. Maurizio Sacchi, einer der drei Stellvertreter Bottegos, bekam den Auftrag, die Ausbeute in das Basislager im somalischen Lugh in Sicherheit zu bringen. Doch wurde er auf dem Weg zum Lake Abaya von Räubern überrascht und angegriffen. Sacchi überlebte den Kampf nicht, aber Bottego sollte es nie erfahren. Berauscht von seinem Erfolg, war er entschlossen, sein Vorhaben bis zum Ende durchzuziehen. Zu wissen, dass der Omo in den Rudolfsee mündete, war zweifellos bedeutsam, doch schloss dies die Existenz eines Abflusses, der möglicherweise eine Verbindung mit dem oberen Sobat und folglich dem Weißen Nil herstellte, keineswegs aus. Das Ostufer war bereits erforscht worden, aber niemand hatte bisher einen Fuß auf das Westufer gesetzt.

Am 5. November überquerte die Expedition den Fluss, der an dieser Stelle 200 Meter breit und bis zu sechs Meter tief war. Die äußerst mühevolle Durchquerung dauerte mehrere Tage; drei Ochsen fielen Krokodilen zum Opfer. Nachdem er die letzten Dörfer der Galeba hinter sich gelassen hatte, folgte Bottego dem Verlauf des Seeufers bis zur Mündung des Turkwel auf der Höhe der heutigen Stadt Lodwar in Kenia. Die Suche nach möglichen Abflüssen blieb ergebnislos. Nicht ein Rinnsal floss aus dem Rudolfsee heraus. Eigentlich hätte Bottego mit seinem Erfolg zufrieden sein und sich auf den Rückweg machen können. Stattdessen brach er erneut nach Norden auf, in Richtung des Sobat und des Zentrums des äthiopischen Kaiserreichs. Eine Entscheidung mit fatalen Folgen. Auf dem Weg nach Addis Abeba wurde die Karawane angegriffen. Bottego fiel im Kampf, und seine beiden Begleiter Vannutelli und Citerni wurden gefangen genommen. Nach 90 Tagen gelang es ihnen, der Gefangenschaft zu entkommen und unbeschadet nach Italien zurückzukehren. Ihre Memoiren und die geretteten naturwissenschaftlichem Exponate lieferten zum ersten Mal gesicherte Erkenntnisse über die Völker, die Geografie, die Fauna und Flora dieser Region. Die Geheimnisse des Omo waren gelüftet.

45 Ein Galeba aus dem Dorf Omorate mit hageren, ausgemergelten Gesichtszügen.

46–47 Mit Interesse verfolgt eine Familie in Korcho eine Diskussion vor ihrer Hütte.

48–49 Surma-Kinder aus dem Dorf Kormu setzen die vertrockneten Halme in Brand, damit neues Sorghum gepflanzt werden kann.

TUMUS ERBEN

SURMA

UNSCHULDIGE KRIEGER

[PAOLO NOVARESIO]

SURMA
UNSCHULDIGE KRIEGER

Ganz oben in den Weiten des dunkelblauen Himmels lebt Tumu, der oberste Gott. Er ist Herr über den Regen, der die ausgetrockneten Flussläufe füllt und den Feldern und dem durstigen Vieh neues Leben und neue Kraft einhaucht.

Tumu ist unerreichbar und geheimnisvoll, man wendet sich weder mit Gesängen noch Gebeten oder Anrufungen an ihn. Auch nach dem Tod wird man ihm nicht begegnen. Der Tod ist das Ende von allem. Sogar die Ahnen stehen dem menschlichen Schicksal gleichgültig gegenüber. Man erinnert sich an sie wegen ihrer Ruhmestaten, verehrt sie aber nicht. Die Surma wissen, dass sie allein zurechtkommen müssen. Weder dem Islam noch dem Christentum ist es je gelungen, diese pragmatische Lebenseinstellung zu verändern.

Gleichgültig jeder Religion gegenüber und ohne starre Machtstrukturen lebt das Volk der Surma vollkommen autark und isoliert in einer wilden Bergregion. Seine mündliche Überlieferung besagt, dass die Surma vom unteren Teil des Omo stammen, nördlich des Turkanasees, aber ihre Sprache lässt eher an eine nilotische Herkunft denken. Die Surma negieren vehement jede Verwandtschaft mit den Mursi und den Meen, die ähnliche Sitten und Gebräuche pflegen und dasselbe Idiom sprechen. Zur selben Gruppe gehören jedoch die Bale, die das Gebiet um den Akobo-Fluss bewohnen, an der Grenze zwischen Sudan und Äthiopien. Der einzige bemerkenswerte Unterschied zwischen den Bale und den Surma liegt in der Viehhaltung. Die Bale betreiben seit Generationen Ackerbau, während die Surma zwar gezwungen sind, ebenfalls das Land zu bestellen, sich aber selbst stolz als Hirtenvolk bezeichnen. In den 1970er Jahren raffte eine Milzbrandepidemie ihren ganzen Viehbestand dahin. Um zu überleben, begannen sie, Sorghum und Mais anzupflanzen. Aber ihr Wertesystem blieb unverändert, und ein Rind ist immer noch Symbol für Reichtum und sozialen Status. Der Handel mit Gold, das in dieser Gegend recht häufig vorkommt, versetzte die Surma in die Lage, neue Tiere zu kaufen. Dabei entdeckten sie, dass sich mit dem Gold auch Waffen und Munition aus dem benachbarten, vom Bürgerkrieg zerrütteten Sudan beschaffen ließen. Mit Hilfe der Gewehre wurde es noch leichter, die Anzahl ihrer Rinder weiter aufzustocken. Die Raubzüge bei ihren Erzfeinden, den Bume, wurden immer häufiger.

Seit etwa 20 Jahren befinden sich die Surma in permanentem Kriegszustand mit ihren südlichen Nachbarn. Todesopfer auf beiden Seiten sind fast an

Weiße geschwungene Linien zieren Gesicht und Körper dieses stolzen Surma.

der Tagesordnung. Auch das einstige Gleichgewicht der Kräfte mit den Diz und anderen benachbarten Gruppen geriet ins Wanken. Die Unsicherheit in der Region macht es der Regierung unmöglich, regulierend einzugreifen. Die Surma unterstehen zwar formal der Autorität des Staates, genießen aber faktisch Autonomie. Sie zahlen keine Steuern und verwalten sich selbst ohne Einmischung von außen. Tatsächlich ist das Gebiet der Surma nie erobert worden. 1897 wurde es dem äthiopischen Kaiserreich angeschlossen und ging einige Jahrzehnte später an die Italiener, ohne dass sich irgendetwas geändert hätte. Auch die Kommunisten unter Oberst Mengistu Haile Mariam hatten keinen Erfolg.

Auch heute sind die Dörfer der Surma nur zu Fuß und über enge, zugewucherte Pfade erreichbar. Es gibt keine Straßen, keine Schulen, keine Krankenhäuser. Die Bergregion zwischen dem Flusslauf des Kibish und dem Abbruch zum Tal des Omo gehört zu den abgelegensten und unzugänglichsten Gebieten des Kontinents. Rund 600 Millimeter Niederschläge pro Jahr ergießen sich im Frühjahr und Sommer sturzbachartig über das Land. In der Trockenzeit sinkt die Durchschnittstemperatur nie unter 33 Grad Celsius, und in den von der Tsetsefliege verseuchten Niederungen ist die Hitze unerträglich. Im Schutz dieser harten, unwegsamen Lebenswelt haben die Surma bis heute die Sitten und Gebräuche ihrer Ahnen erhalten. Die letzte Volkszählung kam auf 20 000 Personen, Die Gesellschaft der Surma besteht aus Klans, die auf dem Prinzip von Altersklassen organisiert sind. Angehörige einer Lineage oder Abstammungsgruppe müssen jedoch nicht als Einheit zusammenleben, sondern können sich frei bewegen und den Aufenthaltsort wählen, der ihnen am meisten zusagt. Nach innen ist jeder Klan von starker Solidarität geprägt, was sich vor allem in Krisenzeiten und bei zeremoniellen Anlässen zeigt. Die Erbfolge ist eindeutig geregelt; der Besitz des Verstorbenen wird auf die Söhne aufgeteilt. Dem Erstgeborenen stehen die besten Tiere und die wertvollsten Gegenstände zu, allem voran Waffen – eine Kalaschnikow oder ein M-16. Die übrigen Erben müssen sich mit alten Flinten und dem wenigen Rest begnügen. Die Ältesten genießen besonderen Respekt. Bei Versammlungen haben sie stets das letzte Wort, zudem sind sie für die Ausübung der Rituale zuständig. Doch ist ihre Meinung niemals bindend, und die Entscheidungsfreiheit des Einzelnen steht hoch im Kurs.

Bei den Surma gibt es keine anerkannten Oberhäupter. Ethnologen bezeichnen diesen sozialen Typus als akephale oder segmentäre Gesellschaft, die sich durch das Fehlen einer politischen Zentralmacht auszeichnet, welche in der Lage wäre, anderen ihren Willen aufzunötigen. Die kleinste Einheit dieses Systems ist die Familie, die aus der jeweiligen Frau und den dazugehörigen Kindern besteht. Die Männer, die im Allgemeinen polygam leben, verrichten den größten Teil ihrer Aktivitäten weit weg von zu Hause. Außer für die Verteidigung ihres Territoriums sind sie für die Viehherden verantwortlich, die in Pferchen gehalten werden. Oft liegen sie bis zu einen Tagesmarsch vom Dorf entfernt. Die Jagd auf Wildtiere, auch auf Großwild, stellt eine weitere wichtige Nahrungsquelle dar. Wilddieberei im Omo-Nationalpark ist keine Seltenheit. Die Frauen kümmern sich um die Felder und um alles, was im weitesten Sinne mit dem häuslichen

Eine Frau präsentiert ihre Lippenplatte, die in dieser Gegend oft halbkreisförmig ist.

Leben zu tun hat. Sie verarbeiten Leder und stellen Tongefäße her, die auch verkauft oder getauscht werden. Wirtschaftliche Unabhängigkeit und vage moralische Gebote gestatten den Frauen eine gewisse Freiheit. Vorehelicher Verkehr ist weit verbreitet, und alle Mütter klären die Töchter über die besten Methoden auf, unerwünschte Schwangerschaften zu verhindern.

Die Surma schätzen körperliche Schönheit sehr und verwenden viel Mühe auf ihr Äußeres. Ihre Körperbemalung hat in erster Linie ästhetische Bedeutung. Wie bei den Mursi sind neben Glasperlenketten und metallenen Armreifen die bisweilen riesigen Lippenplatten Bestandteil weiblichen Körperschmucks. Nach der Ernte, am Ende der Regenzeit, ist die Zeit der Feierlichkeiten. Zu diesem Anlass messen sich die Männer in grausam anmutenden Stockkämpfen, in denen sie ihre Männlichkeit unter Beweis stellen. Danach wählen die jungen Frauen unter den Kämpfern ihren zukünftigen Mann aus. Nach langwierigen, oft monatelangen Verhandlungen setzen die Familien schließlich das Hochzeitsdatum und die Höhe der Mitgift fest. Mit reichlich Bier, unter Gesängen und Tänzen wird die Verbindung besiegelt. Erst dann zieht die Braut feierlich in die neue Hütte, die der Bräutigam für sie fertig gestellt hat. Ein lauer Abend senkt sich über die faszinierende und ursprüngliche Welt der Surma.

[GIANNI GIANSANTI]

SURMA

»AUS DER ZEIT GEFALLEN«

DIE LETZTE NACHT IN KORMU. MORGEN BRECHEN WIR AUF. ICH FRAGE MICH, OB ICH DIESE MENSCHEN JEMALS WIEDER SEHEN WERDE. EINE SENTIMENTALE, MIT SICHERHEIT ABER UNGEWÖHNLICHE FRAGE. SCHLIESSLICH BIN ICH NUR FÜNF TAGE HIER GEWESEN.

Aber es stimmt schon. Je intensiver und stärker eine Erfahrung ist, desto länger kommt einem die Zeit vor und verliert ihren objektiven Wert. Die fünf Tage, die ich, dem Rhythmus einer verschwundenen Welt unterworfen, mit diesen Menschen in ihren Hütten lebte, haben meine zeitliche Wahrnehmung verändert.

Morgen brechen wir also auf. Wie gerne würde ich als Dank für die Gastfreundschaft ein Geschenk zurücklassen – eine Erfahrung, ein Gefühl, auf jeden Fall nichts, das man auf dem Markt kaufen kann ...

Der Mond steht hoch am Himmel und das Licht reicht gerade aus, um die Umrisse des Dorfes zu erkennen. Alles andere liegt im Dunkeln. Ich überlege. Als ich gestern auf dem Computer meine Digitalfotos sortierte, haben mir ein paar der Kinder zugesehen und waren schwer beeindruckt. Genau! Das ist das Geschenk, nach dem ich gesucht habe. Wir werden diese Bilder nicht nur wenigen, sondern allen Kindern im Dorf zeigen.

Fassil hilft mir, mit dem Dorfvorsteher zu sprechen und ihm zu erklären, wie sehr ich mich darüber freuen würde, wenn die Kinder nach dem Abendessen an meinen Tisch kämen. Die Einladung ruft Neugierde und Aufregung hervor. Das Abendessen dauert nicht lange, und wir sprechen nicht viel. Die ganze Zeit über hören wir das Geschnatter der Surma, die nur wenige Meter von uns entfernt stehen. Aber sie kommen nicht näher, um uns anzufassen oder uns Fragen zu stellen, wie es ihre Gewohnheit ist. In der beinahe absoluten Schwärze außerhalb des Lichtkegels der Feldlampen lassen sich die wartenden Gestalten nur erahnen. Möchten etwa alle die Bilder sehen? Sie flüstern, weil sie nicht stören wollen. Auf jeden Fall wissen sie, sich respektvoll zu verhalten.

Ich winke, und die Stimmen verdichten sich zu Menschen, die ich in der Dunkelheit nur schemenhaft wahrnehmen kann. Es sind nicht nur die Kinder gekommen – das ganze Dorf ist da. Der Vater des Dorfvorstehers setzt sich neben mich und bettelt mit dem üblichen Blick um die obligatorische Zigarette. Im Freiluftkino ist Rauchen schließlich erlaubt ...

Wir müssen ein köstliches Bild abgeben. Auf der einen Seite ein ganzes Surma-Dorf, in ordentlichen Reihen um einen Laptop auf einem Campingtisch versammelt, um sich meine mit Musik unterlegten Fotos anzusehen. Diese normalerweise lauten und aggressiven Surma lachen, seufzen leise und schlagen vor Staunen die Hände vor das Gesicht. Zum Schluss auch aus Angst, als die Fotos zu Ende sind und nur noch schwarze Gestalten über den Bildschirm tanzen.

Ein Junge mit einer Filmdose als Ohrschmuck
späht neugierig durch eine Kamera.

Auf der anderen Seite wir. Für uns sind Fotografien etwas völlig Normales, und so können wir uns ganz auf unsere Zuschauer konzentrieren: Auf ihre glänzenden Augen, die blitzenden weißen Zähne, auf die vor das Gesicht geschlagenen Hände, deren Haut der Bildschirm bläulich schimmern lässt, auf ihre grell verzerrten Stimmen, die lachen, schreien, Bemerkungen machen. Sie erkennen die Mursi wieder, verwechseln Hamar und Banna, amüsieren sich köstlich auf Kosten der Galeba und reißen – wer weiß, aus welchem Grund – Witze über die Erbore. Alle lachen und sind glücklich. Nur der Ranghöchste aller Wächter nicht. Er steht misstrauisch daneben, seit die Musik eingesetzt hat. In schroffem Ton stellt er Fassil eine Frage, der in Gelächter ausbricht und für uns übersetzt.

»Er hat gesagt, jetzt reicht es. Wo ist der Mann, der da singt, will er wissen.«

Der Mond scheint auf ein Dorf, das aus der Zeit gefallen scheint. Aus meiner Zeit. Zu Hause in Rom staut sich um diese Uhrzeit der Verkehr.

Von einem hohen Felsen aus bietet sich ein weiter Blick bis hin zu den Quellen des Magologni.

Welè Ghida, Jäger aus
Kormu, auf Erkundung mit
seiner Kalaschnikow.

Sorghum bedeutet Leben

Das braune Gold der Surma

Die Kinder der Surma ernten
zu Beginn des Tages Sorghum.

Kormu

Im Herzen des Omo-Tals

Kormu besteht aus ungefähr
30 spitzkegeligen Hütten. Am Dorfeingang
öffnet sich ein großer, freier Platz, auf
dem alle Versammlungen stattfinden.

68–69 Alltag in Kormu: Die Frauen passen auf die Kinder auf und kümmern sich um die Verarbeitung und Zubereitung der Nahrung.

69 Die Hirseart Sorghum ist nicht nur wichtigstes Wirtschaftsgut, sondern auch das Hauptnahrungsmittel der Surma.

Die Kinder nehmen voll am Dorfleben teil und wachsen zusammen
mit den Tieren heran, für deren Versorgung sie verantwortlich sind.

Eine Frau mit auffallender Lippenplatte trägt ihr Kind auf dem Rücken.

Wie bei den Mursi ist es auch bei den Surma Brauch, dass sich die Frauen nicht nur Lippenplatten einsetzen, sondern auch die Ohrläppchen durchstechen und weiten, um darin die verschiedensten Gegenstände zu tragen. Diese Frauen haben sich zu einem Fest mit einem Kopfputz aus gefärbten Beeren geschmückt.

ändig gelb bemalt.

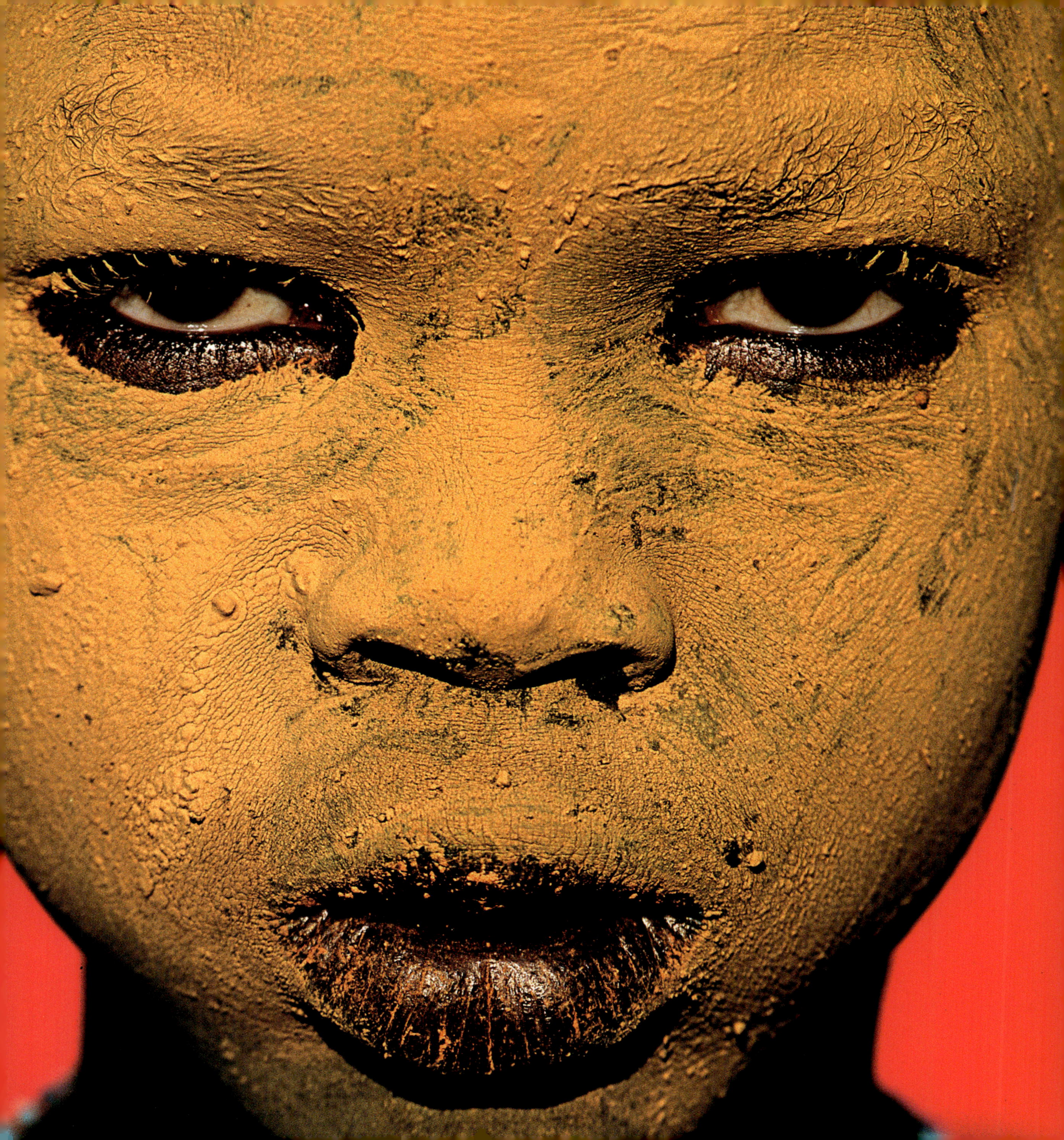

ETHIOPIA 2003/04
"OMO VALLEY"

... NEBEN DEN GLASPERLENKETTEN UND METALLARMREIFEN GEHÖRT DER LIPPENSCHMUCK ZUR MODISCHEN AUSSTATTUNG EINER FRAU.

80 Die Größe der Lippenplatte gilt als Gradmesser von Schönheit: je größer, desto begehrenswerter die Frau.

82 Das Gesicht dieses jungen Mannes aus Kormu wurde mit einem Gemisch aus Wasser und Gips bemalt.

83 Die Kinder von Kormu singen und klatschen im Rhythmus eines Liedes in die Hände.

84, 85 und 86–87 Bereits die Kinder wetteifern um die schönste Körperbemalung und erfinden immer neue Haarkreationen aus Erde und Lehm.

Skarifizierung

Ausdruck von Stolz und Ehre

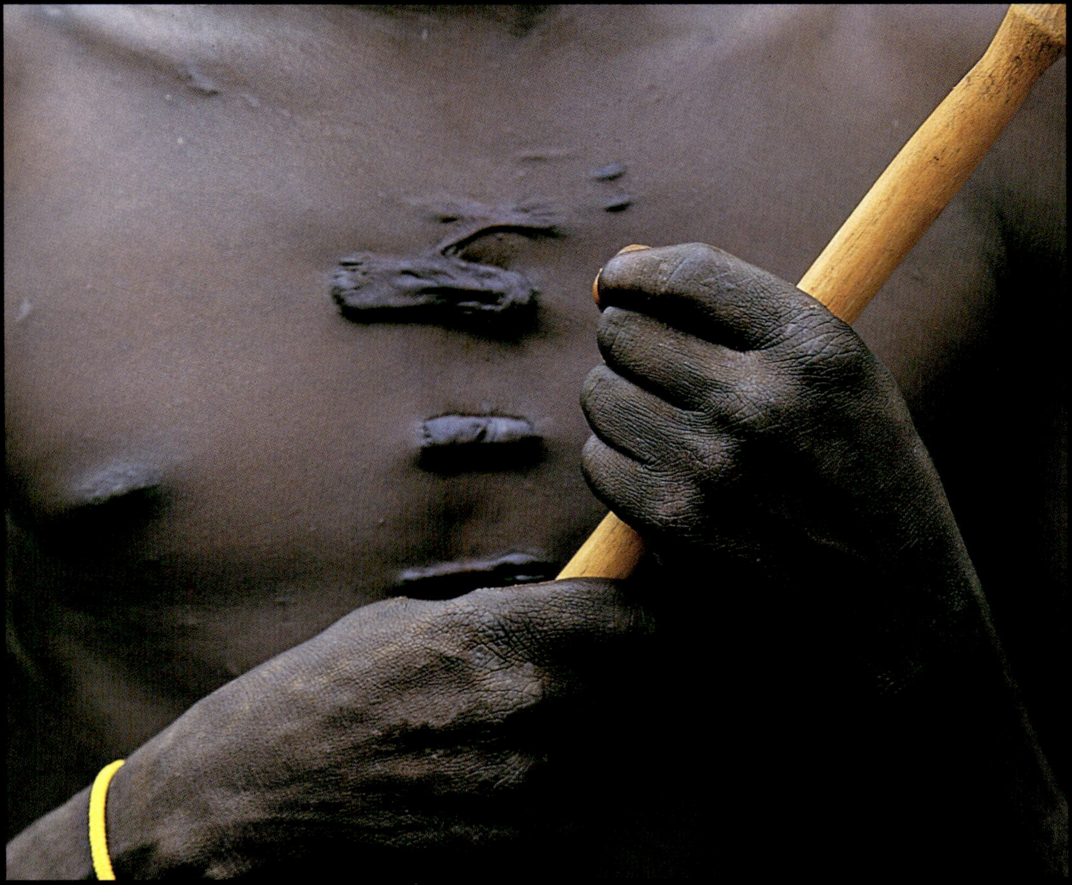

88 Das Gesicht dieses Mannes vereint in sich alle Charakteristika des Volkes der Surma.

89 Der Surma-Krieger Wollechibo präsentiert stolz die Narben, die er sich beim *donga*-Stockkampf zugezogen hat.

Eine in dieser Praxis besonders versierte Surma-Frau fügt dem Arm eines jungen Mannes Schnitte zu.

Die Schmucknarben auf den Armen der Männer geben Auskunft über die Zahl der getöteten Feinde.

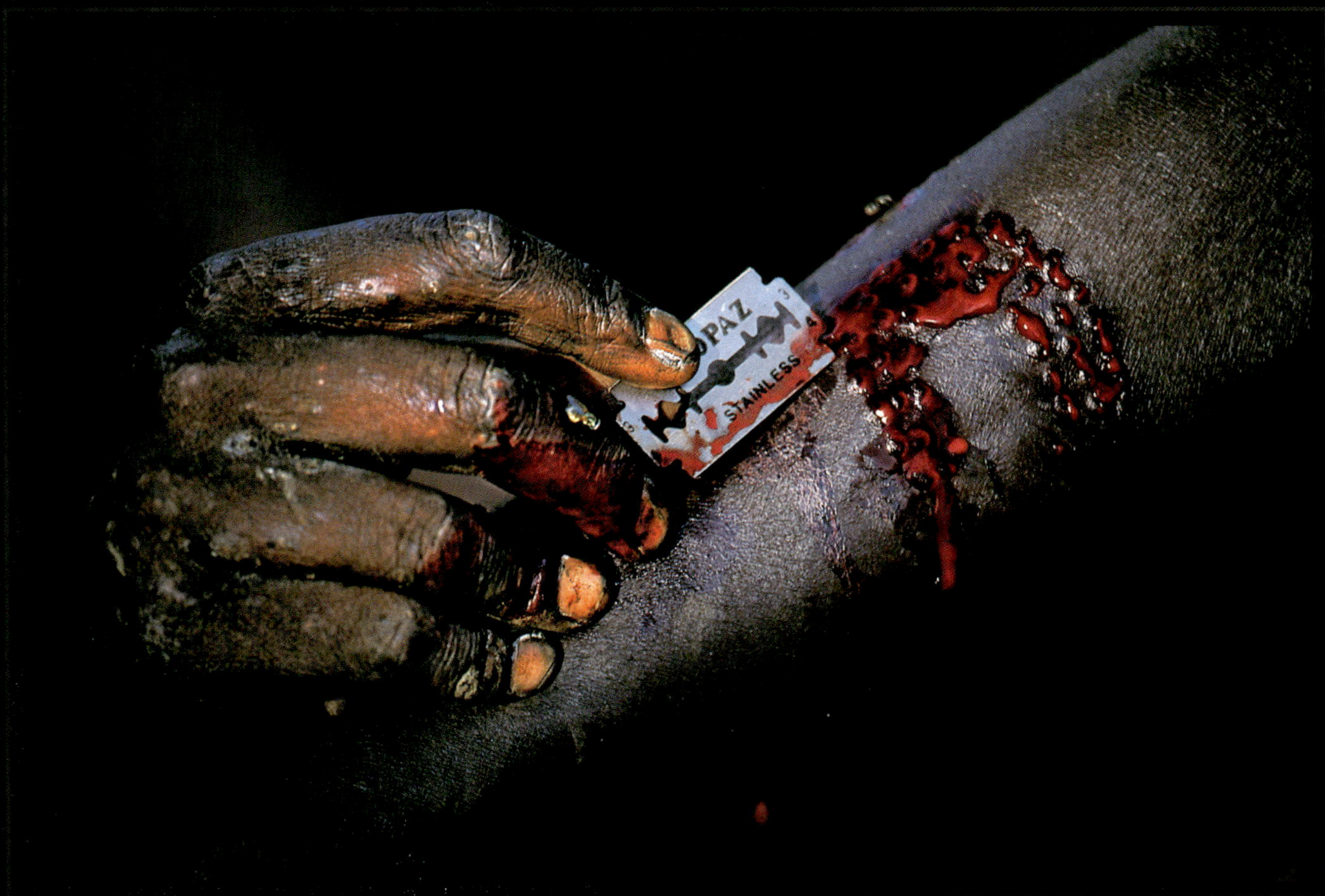
STAINLESS

Frauen tragen Schmucknarben auf Armen, Schultern. Brust und Bauch. Die Surma sind wahre Meister dieses Rituals, das unter einfachsten hygienischen Bedingungen vollzogen wird. Das reichlich fließende Blut wird einfach mit Blättern abgewischt.

Die Quellen des Magologni sind ein beliebter Treffpunkt, auch bei Frauen und Mädchen, die sich hier gegenseitig die Köpfe verschönern.

Bevor sie sich mit abstrakten Mustern bemalen,
bespritzen sich zwei Jungen gegenseitig mit Wasser.

Magologni

Die Quellen der Farbe

Die warmen Quellen des Magologni sind ein traditioneller Treffpunkt der Surma, wo man zusammenkommt und sich bemalt.

Drei Surma bemalen ihre Körper mit weißen Mustern, die keine besondere symbolische Bedeutung haben. Sie dienen nur zur Unterscheidung und sollen anziehend auf das andere Geschlecht beziehungsweise abschreckend auf Feinde im Kampf wirken.

Außer auf die Körperbemalung wird bei den Surma und generell bei allen Völkern des Omo-Tals großer Wert auf die Haartracht gelegt. Man hilft sich gegenseitig bei der Rasur und Gestaltung der akkuraten Muster im Haar, die mittels scharfer Rasierklingen, der *mellachi*, durchgeführt werden.

Es sind vor allem
die unverheirateten
Männer, die sich mit
größter Sorgfalt bemalen.
Schließlich wollen sie
damit auffallen und einen
guten Eindruck bei den
Frauen hinterlassen.

Die abstrakten Bemalungen erwachen auf den Körpern der Surma zum Leben und verwandeln sich in bewegte Kunstwerke.

Ein Mann bemalt sich mit in Wasser gelöstem Kalk.

Persönlicher Geschmack und Tradition
bestimmen die Auswahl der Muster.

Die Farben werden von befeuchteten Steinen abgerieben.

Ghere Kara, die Spezialistin im Dorf, gibt sich besondere Mühe mit dem Gesicht eines Kindes, das sie mit einer Patronenhülse betupft.

118–119 Kriegsmaske: Die roten Streifen sollen den Feind einschüchtern.

120–121 In einem Dorf in der Nähe von Tulgit findet die Zigroo-Zeremonie statt. Bei den Surma ist es Brauch, die Unterlippe der heranwachsenden Mädchen für die Lippenplatten zu durchbohren. Ist die Wunde verheilt, trifft sich das ganze Dorf zum Feiern.

Beim Fest wird reichlich
Getreidebier genossen.

Frauen und Männer der Surma feiern tanzend und singend. Hin und wieder werden Gewehrsalven abgefeuert, wenn eine Frau aus einem Nachbardorf einen Schlauch voll Bier als Geschenk bringt.

Die Tänze dauern
mehrere Stunden. Auch
die Frauen, deren Lippen
durchbohrt wurden,
nehmen daran teil.

128–129 Auf ihre Stöcke gestützt, beobachten drei junge Männer ihre entfesselt tanzenden Altersgenossen.

130–131 Im Überschwang richtet ein Mann sein Gewehr auf die Menge.

Aderlass

Ein archaischer Ritus

Das Trinken von Blut, ein Ritual, das versöhnlich stimmt:
Die Surma, ein Bauern- und Hirtenvolk, schlachten ihr
Vieh nicht, sondern trinken nur dessen Blut.

Ein kleiner Schnitt in den Hals des Rindes mit einer Pfeilspitze, das Blut schießt hervor, und alle trinken reihum davon.

Ein blutiges Schauspiel, aber die Tiere, auf denen der Reichtum aller beruht, dürfen auf keinen Fall getötet werden. Die kleine Wunde am Hals des Rindes schließt sich kurz nach dem Eingriff wieder.

Blut als Lebenssaft: Der Aderlass ist beispielhaft für das Verhältnis der Surma zur Natur.

[GIANNI GIANSANTI]

DONGA
DER STOCKKAMPF

WIR BRECHEN AUF, UM EINEN *DONGA* MITZUERLEBEN. WIE WIR ERFAHREN HABEN, SOLL IN EINEM DORF, DAS DREI STUNDEN FUSSMARSCH VON TULGIT ENTFERNT LIEGT, EINER DIESER RITUELLEN STOCKKÄMPFE STATTFINDEN. Aber wir müssen uns beeilen, da es bereits 2 Uhr ist und der Kampf nach 4 Uhr gefährliche Ausmaße annehmen soll. Um diese Zeit beginnen die Männer zu trinken. Und wenn sie betrunken sind, fangen sie an, wild mit ihren Gewehren herumzuballern. Das Problem ist, dass sie alle ziemlich schlechte Schützen sein sollen. Aber wir brechen trotzdem auf.

Wir sind gerade eine Viertelstunde gefahren, als wir auf eine Gruppe Surma treffen, die von uns mitgenommen werden wollen. Wir haben aber keinen Platz. »Ihr seid es doch gewohnt, alles zu Fuß zurückzulegen. Das dürfte doch keine Anstrengung für euch sein«, rufen wir. Die Männer nehmen uns diese Abfuhr nicht übel, sondern zeigen uns sogar noch den Weg. »Chally, chally«, antworten sie lächelnd. Einer von ihnen, der bestimmt über zwei Meter groß ist, einen Stock in Händen hält und eine dunkle Sonnenbrille trägt, hört überhaupt nicht mehr auf damit. »Chally, chally«, wiederholt er mit abwesendem Gesichtsausdruck.

Kurz darauf bleibt der Wagen im Schlamm stecken, und uns bleibt nichts anderes übrig, als die ganze Strecke ebenfalls zu Fuß zurückzulegen. Wir erklimmen einen Hügel, wir erklimmen einen zweiten, einen dritten, und jedes Mal bekommen wir zu hören, dass die nächste Anhöhe ganz bestimmt unser Ziel ist.

Als wir weit nach 4 Uhr auf dem Festplatz eintreffen, hat der *donga* bereits ein fortgeschrittenes Stadium erreicht. Ein *donga* ist, wie gesagt, ein ritueller Stockkampf und wird nach strengen Regeln vollzogen. Dabei versammelt sich das ganze Dorf in einem Kreis um eine Lichtung, in deren Mitte das Ritual stattfindet. Die Männer kämpfen im K.O.-Verfahren mit langen Stöcken gegeneinander, bis nur noch einer übrig bleibt. Vor Beginn des Kampfes gibt der Zeremonienmeister seine Anweisungen. Regel Nummer eins lautet: keine Toten! Den Sieger erwarten keine Reichtümer. Dafür ist ihm die lebenslange Anerkennung des ganzen Dorfes sicher, er wird wegen seiner Tapferkeit geachtet und ist bei den jungen Mädchen als zukünftiger Ehemann begehrt. Das ist in dieser Welt mehr wert als jeder materielle Reichtum.

Was wir hier miterleben, ist ein echter *donga*, kein Touristenspektakel. Spannung liegt in der Luft, alle haben bereits reichlich getrunken, das Blut fließt in Strömen, und die Männer schlagen mit großer Wucht aufeinander ein. Ringsum werden Schmerzensschreie und Anfeuerungsrufe laut. Jedes Mal, wenn ich meinen Fotoapparat zücke, handele ich mir drohende Blicke aus blutüberströmten Gesichtern ein. Die im Kreis stehenden Surma weichen hastig zurück, wenn die Kämpfer ihnen zu nahe kommen und Gefahr besteht,

141 links Ein Herausforderer, dessen Kopf von einer Art Helm geschützt wird, stellt sich dem Duell.

141 rechts Der *donga* ist kein ritueller Tanz. Er ist ein Kampf, bei dem sich Gewinner und Verlierer nicht nur Ruhm und Ehre, sondern auch Verletzungen einhandeln.

getroffen zu werden. Ohrenbetäubender Lärm, dumpf dröhnende Schläge, bedrohlich gezückte Kalaschnikows, Blut, Schreie, Schmerz, wilde Blicke. Ein vollendetes Chaos, bis plötzlich Stille einsetzt. Alle halten in der Bewegung inne und drehen sich um.

Auf dem schmalen Pfad, der ins Dorf führt, nähern sich die Bewohner eines Nachbardorfs in eindeutig kriegerischer Absicht. An der Spitze der Gruppe geht der Mann, den wir auf dem Weg getroffen haben, der mit der Sonnenbrille. Jetzt ist er die Verkörperung eines stolzen Kriegers. Hinter ihm haben sich seine Leute zu einem Dreieck formiert – erst zwei, dann drei, dann vier. Sie verharren eine Sekunde, ehe sie alle zusammen ihre Stöcke heben und einen Schrei ausstoßen: das Signal zum Angriff. Ich komme mir vor wie in einem Film. Alle Bewegungen scheinen wie von einem Regisseur in Szene gesetzt, völlig irreal. Die bleierne Stille, der Stolz im Blick der Männer und dann ihr Kampfschrei – eine vollendete Inszenierung. Ein Dorf fordert ein anderes heraus.

Der Kampf ist eine Sache, die alle angeht. Früher ging es um die persönliche Ehre, heute um die Gemeinschaft. Die Fremden gehen als Sieger aus dem Kampf hervor. Einer der ihren wird im Triumphzug herumgetragen, und alle fangen wieder an zu trinken und feuern ihre Gewehre in die Luft ab. Für uns wird es allmählich gefährlich, und so brechen wir vorzeitig auf.

Auf der Rückfahrt hören wir noch lange Stimmengewirr und Schüsse, dann plötzlich nichts mehr. Vor uns erstrecken sich die endlosen Berge.

Mit Tüchern fest um Kopf und Leib geschlungen, ihre Stöcke in Händen, sind diese jungen Krieger bereit zum *donga*-Training.

Das Training findet auf einem freien Platz
in der Nähe des Dorfes statt.
Die Kämpfer schenken sich nichts.

Die Körper der jungen Männer, die am *donga* teilnehmen und sich davon Respekt und Anerkennung erhoffen, sind mit rituellen Mustern bemalt. Ein aus Pflanzenfasern und gefärbter Baumwolle geflochtener Helm schützt den Kopf.

Das Duell
Stockschläge

148–153 In der Mitte eines von Zuschauern gebildeten Kreises lassen die Teilnehmer drohend ihre Stöcke durch die Luft sausen. Die Regeln des Kampfes sind einfach: Gewinner ist der, der am Schluss noch auf den Beinen steht. Der Gegner darf auf keinen Fall getötet werden.

Blutend und am Ende ihrer Kräfte, sehen die geschlagenen Gegner den letzten Zweikämpfen zu.
Dem Sieger ist die Anerkennung des ganzen Dorfes sicher. Die Verlierer warten,
dass ihre Wunden verheilen, und versuchen es beim nächsten *donga* erneut.

KINDER DES NILS

BUME

JÄGER DES KROKODILS

[PAOLO NOVARESIO]

BUME
JÄGER DES KROKODILS

KURZ BEVOR DER OMO IN DEN TURKANASEE FLIESST, DURCHQUERT DER FLUSS EINE DER ABGELEGENSTEN REGIONEN ÄTHIOPIENS. Die ausgedörrte Landschaft, die im Westen an den Sudan und im Süden an Kenia stößt, wird von halbnomadischen Hirtenvölkern bewohnt. Ein Bericht für das englische Außenministerium aus den frühen 1930er Jahren beschreibt diese Ebenen als »öde, unfruchtbar und ungeeignet als menschlicher Lebensraum«. Und weiter: »Wasser gibt es praktisch nicht, die Weideflächen sind karg. Die Hitze ist ungeheuer, und Schatten ist nirgends zu finden. Der ganze Landstrich ist eine Abfolge aus Dornengestrüpp, verdorrtem Gras und schlammigen Ebenen.«

Die Kolonialmächte beschränkten sich darauf, die Region am grünen Tisch aufzuteilen, ohne einen Gedanken daran zu verschwenden, dass die mit dem Lineal gezogenen Grenzen mit einer bereits existierenden Aufteilung kollidierten. Ein unsichtbares Netz aus Weidegründen (Transhumanz), die im Wechsel der Jahreszeiten genutzt wurden, teilte das Gebiet in verschiedene Einflusszonen. Für Ethnien wie die Turkana, Toposa, Galeba und Bume war der ungehinderte Zugang zum so genannten Dreieck von Llemi von lebenswichtiger Bedeutung. Eine Reihe gewohnheitsmäßiger Abkommen regelte das Zusammenleben der vielfältigen Gruppen und reduzierte die Auseinandersetzungen auf ein Minimum.

Seit einigen Jahrzehnten ist dieses prekäre Gleichgewicht erheblich gefährdet. Die expansionistischen Bestrebungen Kenias, der Krieg im Sudan und die Verbreitung moderner Waffen haben die Situation drastisch verschärft. Heute herrscht im von ständigen Kriegen heimgesuchten Dreieck von Llemi pure Anarchie. Die verheerenden Auswirkungen dieser Situation sind daran abzulesen, dass die Bume in den letzten zehn Jahren gezwungen waren, ihre alten Migrationsrouten aufzugeben und nach Norden, bis an die Grenzen des Omo-Nationalparks, auszuweichen. Das Volk der Bume besteht aus 14 000 Personen und ist eine Ethnie nilotischen Ursprungs, die zur großen Familie der Karamojong gehört. Im südlichen Äthiopien sind sie auch als Nyangatom, Donyiro oder Dongiro bekannt. Ursprünglich aus dem Norden Ugandas stammend, erreichten sie vor ungefähr einem Jahrhundert ihr heutiges Siedlungebiet zwischen den Wasserläufen des Omo und des Kibish. Zu den Turkana und den Toposa im Sudan besteht eine enge sprachliche Verwandtschaft. Das Hirtenvolk hält Rinder, Schafe und Ziegen und betreibt zusätzlich Ackerbau. Sorghum, andere Hirsesorten und Mais bilden die Grundlage ihrer Nahrung, ergänzt

Porträt einer jungen Bume-Frau.

von wildem Honig und dem Fleisch von Krokodilen. Die Krokodile des Omo können über vier Meter lang werden und gehören zu den aggressivsten Exemplaren des Kontinents. Die Bume sind geschickte Jäger und fangen die Reptilien mit Hilfe einer Harpune. Die Jagd wird von Bord einfacher, aus einem einzigen Baumstamm gefertigter Pirogen aus betrieben und ist nicht ungefährlich.

Die Gesellschaft der Bume beruht auf einem Generations-System und weist große Ähnlichkeiten mit der der Turkana auf. Trotz der offensichtlichen Feindschaft sind beide Völker durch enge Wirtschaftsbeziehungen verbunden. Sie handeln mit landwirtschaftlichen Produkten, Vieh, Geschirr und Ockerpulver, das zur Körperbemalung verwendet wird. Auch in ihrer materiellen Kultur besteht beachtliche Übereinstimmung. Die Frauen beider Ethnien tragen einen mit Perlen und Straußeneischalen geschmückten Lendenschurz, der die typische dreieckige Form aufweist. Ein zweites, größeres Lederstück bedeckt von den Hüften abwärts den hinteren Teil der Beine. Die beliebten, zu dicken Halsketten gebundenen Glasperlen symbolisieren Eleganz und Schönheit. Unverzichtbarer Bestandteil der männlichen Kleidung sind Kappen aus Lehm, die von einem bestimmten Alter an die Köpfe aller Bume schmücken. Die Herstellung erfordert Geduld und großes Geschick. Zuerst werden mehrere Schichten Lehmbrei auf die Haare gestrichen, bis man eine glatte Kappe erhält. Solange der Lehm noch feucht ist, wird mit einem Faden ein rechteckiger, mit Löchern versehener Schild aus Holz oder Rinderdarm ins Haar geflochten. Hier werden später Pfauenfedern angebracht, die der Kappe zusammen mit der roten oder indigoblauen Farbe den letzten Schliff geben. Außer seiner ästhetischen Bedeutung hat der Kopfputz auch eine hygienische Funktion und verhindert die Ausbreitung von Parasiten. Hygienische Gründe haben auch die Körperskarifizierungen. Wie die Galeba und die Mursi fügen sich die Bume zur Feier der Tötung eines Feindes oder Tieres eine Reihe senkrechter Schnitte am Oberkörper zu. Anschließend werden Asche oder pflanzliche Stoffe in die Wunde gerieben, was den Heilungsprozess verzögert und auffallende wulstige Narben erzeugt. Diese Ziernarben unterstreichen den Wert einer Person. Die Schnitte werden mit Rasierklingen, Akaziendornen und anderen Werkzeugen zugefügt, die alles andere als steril sind. Das langsame Abheilen begünstigt jedoch die Bildung von Antikörpern, die das Infektionsrisiko verhindern und wie eine Impfung wirken.

In der rauen Welt der Bume gibt es keine Sicherheit. Man lebt in der Gegenwart, ohne zu wissen, was die Zukunft bereithält. Trotzdem lassen die täglichen Pflichten noch Raum für Feste und Zeremonien. Erfolgreich beendete Kriege und Raubzüge, Hochzeiten und andere gesellschaftliche Ereignisse werden mit Musik und Tanz gefeiert und vom rhythmischen Klang der Schellen begleitet, die an Ellbogen und Knien der Tänzer befestigt sind. Durch ihre Musik, Ausdruck ihrer bedrohten kulturellen Identität wie ihres Stolzes, eine Einheit zu sein, unterscheiden sich die Bume von allen anderen Gruppen. Ihre Gesänge tragen diese Botschaft hinüber bis zum Gebiet der Galeba, der Hamar und der Erbore auf der anderen Seite des großen Flusses.

us Perlen, Eisen und Muscheln wird der Schmuck der Bume-Frauen gefertigt

[GIANNI GIANSANTI]

BUME

DREIZEHN SENKRECHTE LINIEN

Von unserem Basislager in Murulle aus brachen wir in Richtung des Gebiets der Bume auf. Wir wollten versuchen, den Omo zu überqueren und das andere Ufer zu erreichen.

Als unsere Führer vom Volk der Karo, die uns in Murulle nicht von der Seite gewichen waren, davon erfuhren, erbleichten sie und weigerten sich kategorisch, uns zu begleiten. Sie waren gelähmt vor Entsetzen bei der Vorstellung, das Gebiet der Bume zu betreten. »Bume kill Karo, Bume kill everyone!« Die Bume töten jeden, der ihnen unterkommt. Ihr Entschluss war unumstößlich.

Wie immer hat Zinabu mir alles erklärt. Die Bume sind ein Volk von Kriegern. Eigentlich nichts Besonderes in dieser Gegend. Aber die Bume sind offensichtlich ganz besonders wilde und unerbittliche Kämpfer, die keine Gnade kennen, mit allen verfeindet sind und mit niemandem Bündnisse eingehen.

Eines Nachmittags im Oktober gelangte ich schließlich doch in das Dorf der Bume – ohne Boot, ohne Ranger und ohne meine Karo-Führer, meine ständigen Begleiter. Die Bume leben in einer Region, deren geografische Beschaffenheit der der Galeba sehr ähnelt. Ihre direkten Nachbarn sind die Surma, die Mursi und die Karo, mit denen sie in permanentem Kriegszustand leben. Im Gegensatz zu anderen Völkern, die ich besuchte, verzichten die Bume völlig auf jeden Körperschmuck oder komplizierte Frisuren. Ihr hervorstechendstes Merkmal sind die Schmucknarben auf ihrer Haut, die sich im Unterschied zu denen der Mursi, Surma und Karo zu harmonischen und symmetrischen Mustern aus langen, geraden Strichen zusammenfügen.

Ich näherte mich einem der Bume-Krieger, der mich von Anfang an nicht einen Moment aus den Augen gelassen hatte. Den wenigen Worten, die ich von ihrer Sprache aufgeschnappt hatte, und seinen Gesten entnahm ich, dass die Narben auf ihrem Körper nicht dekorativen Zwecken dienten. Eitelkeit und Gefallsucht würden nicht der Kultur seines Volkes entsprechen, gab der Bume mir zu verstehen. Es handele sich vielmehr um symbolhafte Zeichen für die Herkunft eines Kriegers; jeder Schnitt stehe für einen getöteten Feind. Jeder männliche Bume sei stolz auf seine wulstigen Ziernarben, und je mehr er davon auf seinem Körper trage, desto stärker würden andere ihn respektieren.

Während ich über die Bedeutung dieser Narben nachdachte, kam mir ein Satz in den Sinn, den ich ein paar Tage zuvor in dem Band *Märchen aus Kordofan*, herausgegeben von Leo Frobenius, gelesen hatte: »Als Lebender tötete ich vierzig Personen, als Toter werde ich weitere vierzig töten.«

Dann fotografierte ich die Bume: ihre Körper, die Kalaschnikows, die Ziernarben. Ich fotografierte nur

An ihren Schmucknarben sind die Krieger der Bume zu erkennen.

ihre Torsi, die mir mehr zu sagen schienen als die paar Brocken in Amharisch, die ich mit dem Modell hätte wechseln können. Nur die dazugehörigen Gesichter fotografierte ich nicht. Ihre Gesichter zu zeigen wäre mir vorgekommen, als würde ich diese Männer samt der auf ihren Körper tätowierten Schuldgeständnisse denunzieren. Meine Fotos hätten diesen Kämpfern, die in Gebieten mit permanenten kriegerischen Auseinandersetzungen lebten, womöglich erhebliche Probleme bereitet. »Als Lebender tötete ich vierzig Personen, als Toter werde ich weitere vierzig töten.« Dieser Satz ist mir während meiner ganzen Reportage nicht mehr aus dem Sinn gegangen.

Als ich mich anschickte, das Dorf zu verlassen, kam der Bume-Krieger zu mir, um sich von mir zu verabschieden. Wir tauschten schweigend Blicke, unsere Hände berührten sich, aber es fiel kein einziges Wort. Und während er mir in die Augen sah, fiel mein Blick auf seinen Oberkörper. Dreizehn längliche Narben zählte ich dort.

»Dreizehn Feinde?«, fragte ich.

»Nein, auch wilde Tiere«, gab er mir zur Antwort.

»Ah, gut ...«

164–165 Im Dorf Nyangadam führt ein junger Mann seine Schmucknarben vor, während im Hintergrund andere Männer im Schatten sitzen und sich unterhalten. Jeder Einschnitt auf dem Körper bedeutet einen getöteten Feind oder ein erlegtes wildes Tier.

166–167 Die Bume sind von jeher ein Volk von Kriegern. Sie kaufen ihre Kalaschnikows im benachbarten Sudan zum Preis von 300 Birr oder einer Kuh.

Fleisch und Mais
die Nahrung eines Kriegers

Eine Frau entfacht ein Feuer, um das Essen zu kochen, das meist aus Maismehl zubereitet wird.

Ziegenfleisch ist hoch geschätzt und stellt oft die einzige Proteinquelle in der Ernährung der Bume dar.

Neben zahllosen Perlenketten und Ringen in den Ohrläppchen tragen die Frauen der Bume meistens auch noch einen auffallenden Ring am Kinn.

Der grimmige Gesichtsausdruck der Krieger ist häufig auch auf den Genuss von Khat zurückzuführen.

AN DER GROSSEN BIEGUNG

MURSI

DIE KUNST DER KRIEGSFÜHRUNG

[PAOLO NOVARESIO]

MURSI

DIE KUNST DER KRIEGSFÜHRUNG

»DIESE WILDEN STÄMME HABEN VERABSCHEUUNGSWÜRDIGE SITTEN UND GEBRÄUCHE, AUCH WENN SIE AUF DEN ERSTEN BLICK KEIN GRAUSAMES WESEN AN DEN TAG LEGEN UND AUCH NICHT SO KRIEGERISCH SIND WIE DIE BERGBEWOHNER. DAFÜR SIND DIESE WALDBEWOHNER MEISTER DES HINTERHALTS, UND IHRE ANGEBORENE BOSHEIT MACHT SIE ZU KÜHNEN RÄUBERN.«

Mit diesen Worten beschreiben die Teilnehmer von Bottegos Expedition die Mursi (oder Murzú, wie sie damals hießen), auf die sie 1896 trafen. Auf den von Teleki und Donaldson Smith zusammengestellten Landkarten ist diese Ethnie viel weiter südlich, jenseits des rechten Omo-Ufers, angesiedelt. Nach vielen kriegerischen Auseinandersetzungen mit ihren Nachbarn haben sich die Mursi in ihrem jetzigen, äußerst abgelegenen Territorium niedergelassen, nördlich der großen Biegung des Omo vor seinem Zusammenfluss mit dem Mago. Ihr Gebiet, ein hügeliges Plateau auf ungefähr 1000 Meter Meereshöhe, liegt oberhalb der ungesunden Ebenen des Mago-Nationalparks, wo Malaria und Trypanosomiasis, die von der Tsetsefliege übertragene Schlafkrankheit, jede dauerhafte Ansiedlung verhindern. Infolge der intensiven Abweidung wächst auf weiten Grasflächen nur noch undurchdringliches Gestrüpp. In dieser rauen Lebenswelt wird um alle Ressourcen konkurriert, und systematische Raubzüge sind eine von jeher legitimierte Überlebensstrategie.

Aus diesem Grund befinden sich die kaum über 3000 Personen zählenden Mursi in permanentem Kriegszustand mit den Bodi und den Hamar, die wiederum untereinander rivalisieren und von den Bume bedroht werden. Jedes Jahr sind Hunderte im Kampf gefallener Krieger zu beklagen. Das Leben ist eine einzige Aneinanderreihung flüchtiger Bündnisse, erneuten Verrats und spontaner Überfälle, wobei es immer nur um den schnellstmöglichen Vorteil für sich selbst geht. Seit einiger Zeit verfügen die Krieger neben ihren Lanzen und den am Handgelenk getragenen Messern auch über Gewehre – von uralten Flinten aus der Zeit der italienischen Besatzung bis hin zu modernen Automatikwaffen. Touristen mit ihren Fotoapparaten werden nur toleriert, weil sie leichtes Geld bringen, das in den Erwerb von Waffen und Munition fließt.

Die Mursi sind tapfere und gefürchtete Kämpfer. Einen Menschen zu töten wird als Ehre und Verdienst angesehen, aber nur außerhalb der eigenen Gruppe. Schmucknarben zieren die Gliedmaßen der Männer; jeder dieser hufeisenförmigen Schnitte steht für einen getöteten Feind. Als Folge der ständigen Auseinandersetzungen haben die besten Krieger manchmal keinen

Ein Krieger der Mursi hält eine sowjetische AK-47 im Arm.

freien Zentimeter Haut mehr auf den Armen. Oft überlappen sich die düsteren Ornamente und bedecken jeden Teil des Körpers.

Eine völlig anders geartete Beziehung verbindet die Mursi mit den benachbarten Kwegu, einer kleinen Ethnie aus Bauern und Jägern. Diese besitzen kein Vieh, wissen aber um dessen Wert. So sind Rinder ein wichtiger Bestandteil des Brautpreises. Die Tiere bekommen sie von den Mursi, die auch für das Aushandeln von Heiraten und für die Sicherheit der Kwegu zuständig sind. Im Gegenzug verrichten diese eine Reihe von Diensten. Sie liefern Honig und Wild und organisieren auch den Transport auf dem Fluss. »Wächter des Einbaums« werden sie genannt. Auf den ersten Blick scheinen die Kwegu ihren Beschützern untertan zu sein, aber die Realität ist wesentlich komplexer. Beide Gruppen spielen für das Wohlergehen der Gemeinschaft eine unerlässliche Rolle und ziehen gegenseitige Vorteile aus diesem Patronatsverhältnis, ohne dabei die eigene Identität aufzugeben.

Die Mursi sind zwar unerbittlich gegen Eindringlinge von außen, aber nach innen ist ihre Gesellschaft von relativer Harmonie geprägt. Streitigkeiten werden bei Versammlungen geschlichtet, bei denen jeder das Recht hat, das Wort zu ergreifen. Gute Redner sind sehr geschätzt, und oft verwandeln sich diese Zusammenkünfte in rhetorische und mimische Spektakel. Das letzte Wort haben die aufgrund ihrer Weisheit geschätzten Ältesten. Der Überschwang der jungen Männer, die darauf brennen, ihre Männlichkeit zu demonstrieren, findet ein Ventil in den rituellen Duellen, die zu bestimmten Perioden im Jahr eigens zu diesem Zweck anberaumt werden.

Das bekannteste Kampfspiel dieser Art, das auch von den Surma praktiziert wird, ist der *donga*, der Stockkampf. Die Gegner stehen sich dabei auf einem freien Platz gegenüber, umringt von einer jubelnden Zuschauermenge. Beide Kämpfer halten einen dünnen, über zwei Meter langen Stab aus Hartholz in Händen, der in einer phallusförmigen Spitze ausläuft. Dicke Baumwollbandagen schützen Kopf und Hals, während Handrücken, Knie und Ellbogen mit geflochtenen Schonern bedeckt sind. Das Ziel beim *donga* besteht nicht darin, den Gegner zu töten oder zum Invaliden zu machen, es geht vielmehr darum, die eigene Geschicklichkeit unter Beweis zu stellen. Das heißt allerdings nicht, dass der Kampf ohne Blutvergießen abläuft. Die Verletzungen sind oft schwer, aber nie tödlich. Wird jedoch ein Mann getötet, und sei es aus Versehen, wird der Täter mit sofortiger Verbannung und Beschlagnahmung aller Besitzgüter bestraft. Das Urteil ist endgültig. Der Sieger wird im Triumphzug zum Rand der Arena getragen, wo eine festlich gekleidete Gruppe junger Mädchen auf ihn wartet. Eine von ihnen wird ihn sich als Mann erwählen.

Für die Männer sind der schwere Eisenschmuck und die großen Lippenscheiben der Frauen Ausdruck von Eleganz und Ansehen. Um Platz für die schwere Platte aus Holz oder Ton zu schaffen, müssen zuerst die unteren Schneidezähne entfernt werden, eine sehr schmerzhafte Operation, die mit einem primitiven Meißel ausgeführt wird. Dann wird die Unterlippe durchbohrt und im Laufe der Zeit immer stärker geweitet. Das oft bis zum Zerreißen gespannte Gewebe macht nicht nur das Sprechen schwierig, sondern ist auch beim Essen und Trinken äußerst hinderlich.

Die Lippenscheibe als Ausdruck von Schönheit und Eleganz ist typisch für Mursi und Surma.

Bottego machte die Beobachtung, dass die Platte oft einen Durchmesser von bis zu acht Zentimetern hatte. Heute sind es meist um die 20 Zentimeter. Die Gewohnheit, die Lippen zu perforieren und darin schmückende Gegenstände zu befestigen, ist in vielen Gegenden Afrikas verbreitet. Aber nur die Mursi und die Sara-Kobo im Tschad haben diesen Brauch so überdimensioniert. Früher dachte man, die Lippenscheiben sollten eine abschreckende Wirkung auf Sklavenjäger haben, da die menschliche Ware dadurch einen Teil ihres Wertes verlor. Allerdings ist dann nicht nachzuvollziehen, weshalb der Brauch nicht auf die Männer ausgeweitet wurde. Und noch ein weiterer Faktor entkräftet diese Theorie. Eine Deformation dieser Tragweite ist eine langwierige Angelegenheit, und die Mursi hätten deshalb Jahre im Voraus die Ankunft von Sklavenhändlern vorhersehen müssen.

Wahrscheinlich ist die Wahrheit viel einfacher. Generell kann man sagen, dass bei zahlreichen Völkern alle Körperöffnungen vor dem Eindringen schädlicher Einflüsse geschützt werden müssen. Die Gegenstände, die diese Funktion übernehmen, dürfen ruhig dekorativen Charakter haben. Konkurrenzgebaren und der Wunsch, sich von anderen zu unterscheiden, haben möglicherweise dazu geführt, dass die Lippenplatten immer größer wurden. Es ist ein Anblick, der uns schrecklich und sinnlos anmutet, für die Mursi jedoch ist er Anlass zu Stolz und Ausdruck von Schönheit.

[GIANNI GIANSANTI]

MURSI

EIN GEWEHR ALS STÄNDIGER BEGLEITER

Zu den Mursi zu gelangen ist gar nicht so einfach. Vom Mago-Nationalpark aus sind wir mehrere Stunden auf einer Piste unterwegs, die sich oft im Nichts verliert.

Immer wieder steigt die Straße gefährlich an, um sich gleich darauf steil bergab zu schwingen. Schlammlöcher, Felsbrocken und undurchdringliche Brombeer- und Dornensträucher erschweren das Vorwärtskommen. Die Tsetsefliege ist hier die unangefochtene Herrscherin. Der Kampf bei geschlossenen Fenstern im brütend heißen Wageninnern ist brutal und fordert viele Opfer. Die Moskitos überleben die Fahrt nicht, aber auch wir bleiben nicht ungeschoren.

Im Dorf angekommen, ist die Situation nicht wesentlich besser; von allen Ethnien im Tal des Omo gehören die Mursi meiner Meinung nach zu den aggressivsten. Sie fallen regelrecht über uns her. Wer zum Arbeiten hierher kommt, sollte deshalb viel Geduld mitbringen und immer die Augen offen halten. Rasch sind wir von über zwei Meter großen, kräftig gebauten, nackten Burschen umzingelt. Dazu bedrängen uns schreiende Frauen mit Lippenplatten und bildhübsche Kinder, die um Süßigkeiten betteln. Das ganze Dorf ist gekommen. Alle fassen mich an, zupfen an meiner Kleidung, grapschen nach meinen Kameras. Im Gegensatz zu anderen Ethnien, die auch ziemlich aufdringlich betteln, setzen die Mursi ihren Anspruch auf Gastgeschenke erbarmungslos durch. Mit Mühe entkomme ich der brodelnden Menschenmasse, als sich mir ein Mann mit einem spöttischen Grinsen nähert. »Uat is yo nem, uer yu fom«, wiederholt er ein ums andere Mal. Ich zucke hilflos die Schultern. Aber der Mann lacht nur und versucht es erneut. »Uat is yo nem?« Dabei zeigt er auf sich und sagt: »Kwolilingo.« Mit beiden Händen auf die Erde deutend, fügt er hinzu: »Uer yu fom?« Und: »Komba. S komba beri gud.« Dann lacht er. »Ye, beri gud, deng yu.«

Endlich bringe ich einen Sinn in diese Litanei aus Fragen und Antworten. Es ist ein verballhorntes Englisch, in dem er von mir wissen will, wie ich heiße, woher ich komme und ob mir sein Land gefällt. Ich antworte ihm auf alle seine Fragen, er bedankt sich und lacht. Auch ich muss lachen, weil ich geglaubt hatte, er würde mich anbetteln. Und dabei hatte er die ganze Zeit über nur versucht, mit mir zu kommunizieren; ob aus Neugier oder um mit seinem Englisch anzugeben, sei dahingestellt. Während die übrigen Dorfbewohner mit Zinabu um den Preis für die Bewachung unserer Zelte verhandelt, bringt mir Kwolilingo ein Schreibheft voll mit Zeichnungen von Birr, der äthiopischen Währung. Er zeigt mir einen Löwen und ahmt sein Gebrüll nach. Danach deutet er erst auf ein Krokodil, dann auf den Fluss. Schließlich lenkt er meine Aufmerksamkeit auf die Birr und reibt zwei Finger einander. Dabei wiederholt er seine alte Litanei

Auf der Straße nach Omomursi sind drei Kinder auf einen frei stehenden Baum geklettert und halten Ausschau.

und fügt am Schluss eine Bemerkung hinzu, die mich wirklich verblüfft: »Koma, ye, beri gud. London, brr (und legt dabei, vor Kälte bibbernd, die Arme um seinen Körper). Lalibela, brr (und wieder dieselbe Geste). Komba beri gud.«

Aber nicht alle Mursi sind so freundlich und kommunikativ. Die Männer sind aufbrausend und permanent am Streiten. Oft ist die Stimmung so aggressiv, dass der uns begleitende Ranger mit seiner Kalaschnikow drohen muss. Wir verbringen einen Tag und eine unruhige Nacht in ihrem Dorf. Aber ich habe meine Fotos im Kasten, und das allein zählt. Als wir ins Auto steigen, zeigt mir Kwolilingo ein letztes Mal sein Heft, sagt ein letztes Mal sein Sprüchlein auf und verabschiedet sich mit einem merkwürdigen »thank you«. Ich weiß nicht, ob es in dieser Gegend eine Schule gibt. Vermutlich wäre Kwolilingo dort der einzige Schüler. Aber mir gefällt die Vorstellung, dass dieser nicht mehr ganz so junge Mursi – nackt, aber mit seinem Schreibheft unter dem Arm – stundenlange Märsche auf sich nehmen würde, um dorthin zu gelangen und anschließend zurückzukehren, mit einer neuen Zeichnung in seinem Heft und einer weiteren Vokabel, mit der er den nächsten Touristen beeindrucken könnte.

Wie seit Urzeiten stehen die kuppelförmigen Hütten von Komba dicht beieinander auf einem freien Platz, umgeben von einem Zaun aus Dornengestrüpp.

Omomursi

Leben am Ufer des Flusses

186–187 Das Leben der Bewohner von Omomursi spielt sich ausschließlich zwischen dem Dorf und dem Ufer des Omo ab.

188–189 und 190–191 Eine Gruppe Männer sucht am Ende eines heißen Tages Erfrischung im Mago.

192–193 Ein Krieger sichert das Territorium, während zwei Frauen mit vollen Wasserkrügen vom Mago aus ins Dorf zurückkehren.

194–195 Eine Gruppe Mursi-Krieger posiert mit schussbereiten Waffen auf einem großen Baum am Eingang des Dorfes Komba.

196–197 Ziehend und schiebend versuchen zwei junge Mursi-Mädchen eine Kuh, die sie zuvor kunstvoll rasiert haben, vorwärts zu bewegen.

Das Handwerk der Mursi

Getreidespeicher

In Komba errichten die Männer des Dorfes neue Vorratshütten für das Getreide.

Die Getreidehütten bestehen aus
zusammengebundenen Holzstangen,
auf die gewölbte Deckel gesetzt werden.

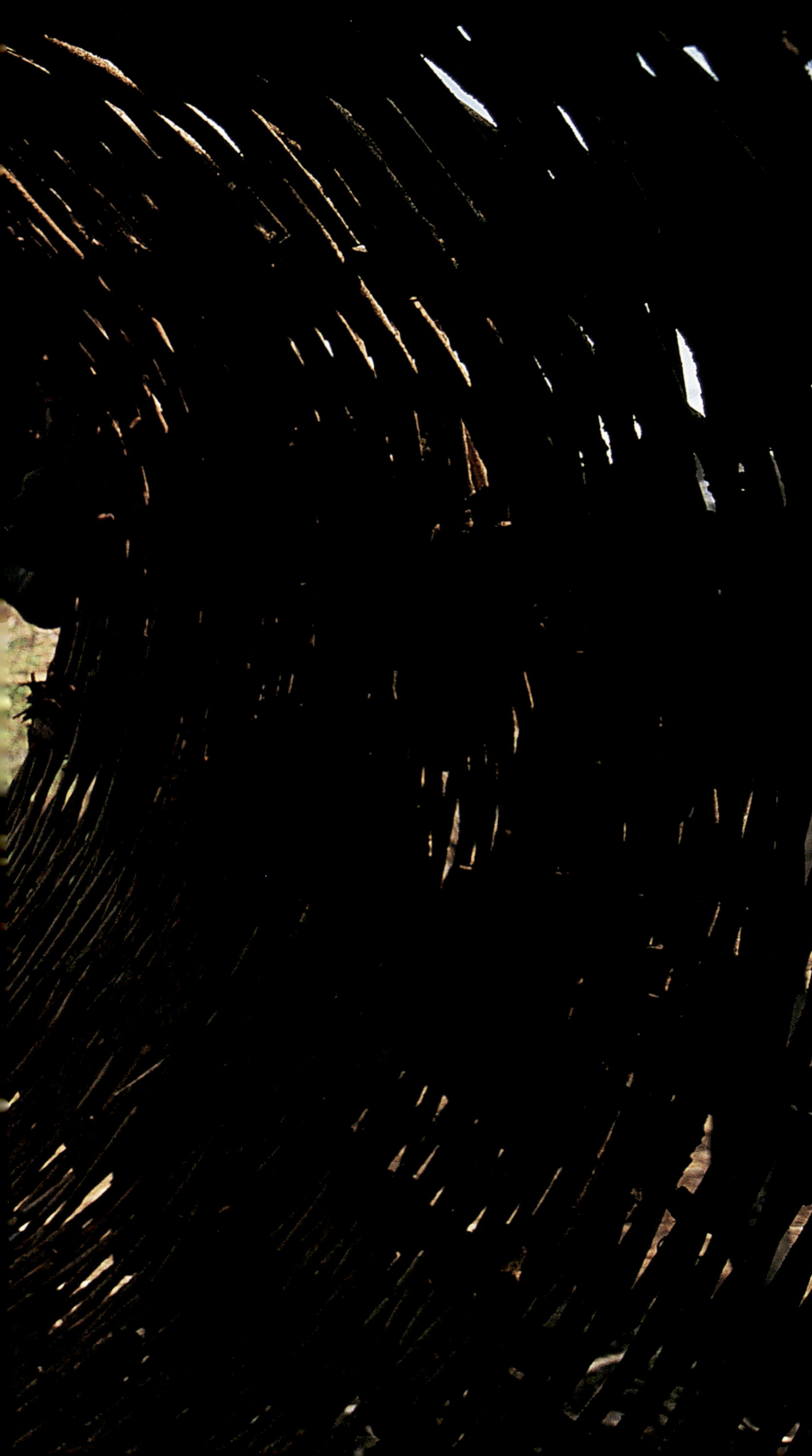

Die zylindrischen Wände der
Getreidehütten sind fast fertig.
Jetzt fehlt nur noch die Abdeckung.

204 An der Errichtung der Getreidehütten sind alle beteiligt. Ist der Zylinder fertig, hieven die Männer das Behältnis auf eine auf Pfählen errichtete Plattform, ehe sie die gewölbte Abdeckung aufsetzen.

205 Ein paar Frauen heben gemeinsam den Deckel und leeren einen Sack Getreide in den Speicher.

Ein ungewohnter Anblick

Mit den Augen des Fremden

Ein Junge kann der Versuchung nicht widerstehen, durch den Sucher zu schauen. Die Mursi sind neugierige Menschen, vor allem die Jungen.

Das ganze Dorf Komba hat sich au
dem großen Platz vor den Hütten
versammelt. Ein bewaffneter Mann
bewacht die Menge.

Ein einiges Volk

Abstimmung im grossen Kreis

Die Versammlungen werden im Allgemeinen vom Dorfältesten zu dem Zweck einberufen, Probleme zu diskutieren oder Informationen und Anweisungen weiterzugeben.

Kriegerisch

Mutprobe mit Stöcken

Eine Gruppe Krieger improvisiert
einen Stockkampf in Komba.

Männer und Frauen der Mursi haben ein inniges Verhältnis zu ihren Waffen, von denen sie sich nie trennen.

Bereit zum Kampf

Ein Baum voller Gewehre

In Komba besitzt jeder Mann eine Kalaschnikow, die er im Konfliktfall gegen Feinde oder zur Jagd einsetzt.

Ihre bemalten Gesichter, Gewehre und finsteren Blicke fördern den Ruf der Mursi als wilde Krieger.

Die Mursi finden nichts dabei, merkwürdige Dinge wie Federn und Büschel in grellen Farben auf dem Kopf zu tragen, was die Härte ihrer Gesichtszüge noch hervorhebt.

Die abstrakten Muster werden mit großer Sorgfalt und Finesse ausgeführt.

Die mit den Fingerspitzen aufgetragene Gesichtsbemalung aus gelöstem Gips unterstreicht die stolze Haltung der jungen Mursi

226–227 Die Mädchen der Mursi schmücken sich häufig mit Rinderhörnern.

228–229 Ein junges Mädchen aus Komba, eingeschüchtert von den Fremden, lächelt zaghaft in die Kamera.

230 Mursi-Frau mit originellem Kopfputz: Locken aus Metall anstelle von Haaren.

231 Auffallender Eisenschmuck an den Lippen gehört ebenso zur modischen Ausstattung der Mursi-Mädchen wie Hörner auf dem Kopf und weiß bemalte Gesichter und Körper.

„ETHIOPIA 2003/04
„OMO VALLEY"

… SCHWERER EISENSCHMUCK UND GROSSE LIPPENSCHEIBEN SIND ZEICHEN VON ELEGANZ UND PRESTIGE.

Um Platz für die Lippenplatte zu schaffen, müssen die unteren Schneidezähne in einer schmerzhaften Operation mit einem Meißel entfernt werden.

Auch Muscheln aus dem Fluss
werden zu Schmuck verarbeitet.

Ein Mann fixiert mit festem Blick die Kamera. Aus seinen Augen spricht der unbändige Stolz der Mursi.

238–239 Ein mit Ocker und Gips bemaltes Gesicht, ein dicker Ring im Ohr und eine an einem kleinen Zopf baumelnde Feder: Die Aufmachung dieses jungen Mannes ist Ausdruck seines ganz individuellen Geschmacks.

240–241 Die Tradition, sich das Gesicht zu bemalen, um sich zu verschönern (wie diese Frau) oder um Feinde einzuschüchtern, ist bei den Völkern am Unterlauf des Omo tief verwurzelt.

242–243 Ein kleines Mädchen
mit schweren, auffallenden
Ohrringen aus Eisen.

244–245 Die Mursi befinden sich von
jeher im Kriegszustand mit ihren Nachbarn.
Raubzüge und Überfälle haben tiefe Spuren
in der Seele – und im Blick – eines jeden
erwachsenen Mannes hinterlassen.

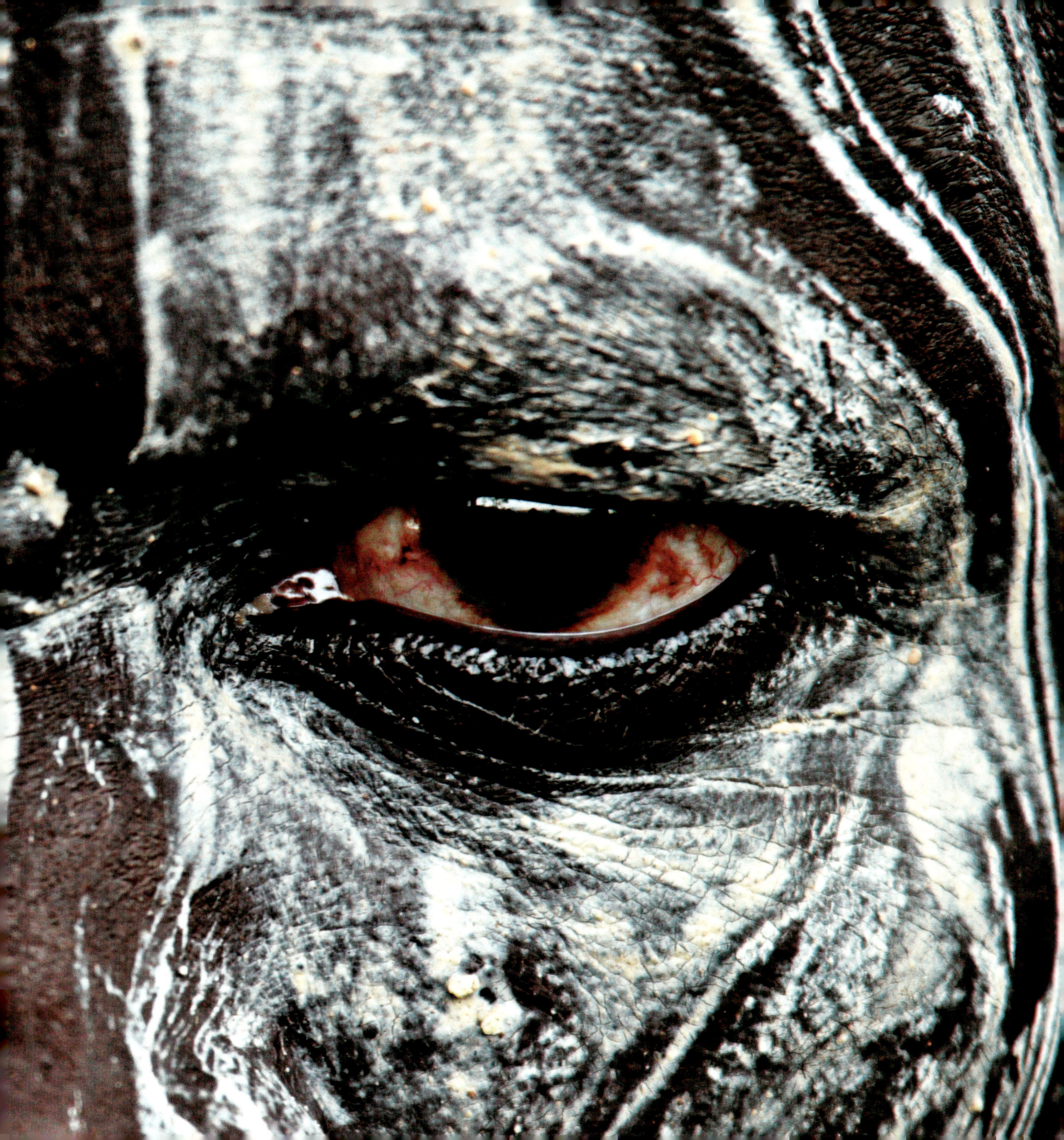

HIRTENVOLK

BANNA

MEISTER DER RITUALE

[PAOLO NOVARESIO]

BANNA

MEISTER DER RITUALE

DIE BANNA ODER AUCH BANYA LEBEN IN DEN AUSLÄUFERN DER GEBIRGSREGION ZWISCHEN DEN FLÜSSEN OMO UND WOITO. IHR IDIOM, PRAKTISCH IDENTISCH MIT DEM DER HAMAR UND BASHADA, GEHÖRT ZUR GRUPPE DER OMOTISCHEN SPRACHEN.

Kulturelles Erbe, soziale Organisation und die wirtschaftlichen Überlebensstrategien dieser drei Ethnien sind praktisch gleich. Ähnlich, wenn auch nicht identisch, sind ihre Sitten und Rituale, die das tägliche Leben strukturieren. Völlig anders geartet ist hingegen ihre Beziehung zu den Mursi und Bodi, ihren Erzfeinden; sie ist geprägt von Viehdiebstahl und ständigen kriegerischen Auseinandersetzungen.

Die Banna sind in erster Linie Hirten und halten Rinder, Schafe und Ziegen. Sie bauen aber auch Sorghum, eine Hirseart, sowie Sesam und Mais an, die zu Beginn der Regenzeit ausgesät werden. Danach werden die Felder meist sich selbst überlassen, sodass die Ernten oft spärlich ausfallen und kaum zur Ernährung der engsten Familie ausreichen. Wilder Honig ist das Einzige, das die Banna im Überfluss produzieren und auf den Märkten entlang der Straße verkaufen oder gegen andere Waren eintauschen. Er liefert ihnen ein Minimum an Bargeld, mit dem sie Artikel des täglichen Bedarfs erwerben. Der chronische Mangel an Nahrungsvorräten hat eine erhöhte Mobilität zur Folge, und die Suche nach Weideplätzen gestaltet sich oft lang und mühselig. Die meisten Banna leben als Halbnomaden, und ihre Behausungen spiegeln die Notwendigkeit häufiger Ortswechsel wider: flache Hütten aus einem Geflecht gekrümmter Stangen, die mit Gras oder Matten abgedeckt sind. In der Mitte des Dorfes befindet sich der Viehpferch, der auch nachts von den Männern bewacht wird.

Territorial ist die Gesellschaft der Banna in zwei großen Untergruppen geteilt, die jeweils von einem *bitta* (rituellen Führer) geleitet werden. Gemäß mündlicher Überlieferung stammen die *bitta* und einige Klans von dem alten Geschlecht der Ari, ihren nördlichen Nachbarn, ab. In Erinnerung an diese weitläufige Verwandtschaft sind die Bande zwischen den beiden Gruppen auch heute noch eng. Personen, die sich einer Blutsverwandtschaft mit den Ari rühmen, verhalten sich bisweilen wie ein eigenes Volk innerhalb der Banna. Sie sind verpflichtet, die Sitten und Gebräuche ihrer Vorfahren zu achten, und werden im Gegensatz zu allen anderen Heranwachsenden nicht beschnitten.

Die gesellschaftliche Organisation der Banna kennt nur wenige feste Regeln und basiert auf einem System von Altersklassen. Das Leben eines Mannes ist in verschiedene Phasen unterteilt, mit denen jeweils eine Zunahme an Ansehen und Macht im Gefüge der Gemeinschaft einhergeht. Die oberste gesellschaftliche Stufe wird von den Ältesten

Ebenholz mit Zöpfen

Ein Helm aus Zöpfen und eine lange Halskette aus Eisen betonen die kindliche Grazie dieses jungen Mädchens.

eingenommen, die auch mit besonderer spiritueller Autorität ausgestattet sind. Frauen, ob ledig oder verheiratet, spielen eine untergeordnete Rolle. Für sie existiert kein spezieller Ritus, der nach der Adoleszenz nach außen hin demonstrieren würde, dass sie von nun an zur Gruppe der Erwachsenen gehören.

Für die Männer hingegen ist der Übergang von der Kindheit in das erste Stadium des Erwachsenenalters von größter Bedeutung. Die Banna feiern dieses Ereignis – wie die Hamar, Bashada und andere Ethnien der Gegend – mit einer Reihe von Initiationsriten, die ihren Höhepunkt im so genannten Bullensprung finden. Erst nach dieser letzten öffentlichen Mut- und Geschicklichkeitsprobe wird der Junge in jeder Hinsicht als Mann angesehen und darf heiraten.

Die Vorbereitung auf den Bullensprung ist aufwändig. Die einzelnen Phasen des Rituals werden von den *maz* begleitet, den bereits initiierten jungen Männern. Sie reiben ihren Körper mit Butter ein, bemalen das Gesicht mit Kalk und Ocker und nehmen gemeinsam ihr »heiliges« Getränk, einen Aufguss aus Kaffee, zu sich. Das kollektive Trinkgelage bildet den Auftakt zur eigentlichen Zeremonie. Wie von kollektiver Raserei ergriffen, schlagen die *maz* mit langen Ruten auf die jungen Verwandten des Initianden ein. Diese Auspeitschung wird mit großer Kraft vorgenommen und hinterlässt blutige Wunden. Selbst die Frauen akzeptieren diese Züchtigung und bitten oft sogar darum, stärker geschlagen zu werden. Es ist ein Zeichen von Liebe und Hingabe an den Blutsverwandten, den Schmerz zu ertragen. Aber die wichtigste Aufgabe der *maz* besteht darin, die Arena für den eigentlichen Sprung vorzubereiten.

Im Zentrum eines großen Platzes werden zirka 30 Rinder zusammengetrieben und dicht nebeneinander aufgestellt. In der Zwischenzeit übergibt man dem Initianden feierlich den *boko*, einen kurzen, an einem Ende phallisch geformten Stock. In Imitation des Geschlechtsaktes wird er in eine Reihe eiserner Armreifen geschoben, als Symbol des Beginns neuen Lebens. Nach der rituellen Reinigung wird der junge Mann von seinen Gefährten mit aufmunternden Worten angefeuert. Jetzt ist er bereit, sich der Prüfung zu stellen, die darin besteht, auf das erste Rind zu springen und über die Rücken der anderen Tiere hinweg auf die andere Seite zu laufen. Dies wird vier Mal wiederholt, jeweils hin und wieder zurück. Ein Sturz ist zwar ein schlechtes Omen, zieht aber keine besondere Bestrafung nach sich und wird meistens auf äußere Umstände wie einen plötzlichen Windstoß oder eine Bewegung der Tiere zurückgeführt. Sollte der Novize jedoch öfter stürzen, wird er sein ganzes Leben lang soziale Sanktionen erdulden und Spott und Hohn über sich ergehen lassen müssen. Führt der Initiand den Bullensprung aber korrekt aus, betritt er eine neue Welt, eine Art Zwischenreich zwischen Kindheit und Mannbarkeit.

Die Welt der *maz* ist von Reinheit und Harmonie geprägt. Die jungen Männer ziehen von Hütte zu Hütte und bekommen überall Geschenke, Honig, Kaffee und Fleisch, wofür sie sich später mit ihren Gesängen bedanken. Dann liegt der vibrierende Ton der Leier über dem schweigenden Dorf. Das Instrument wandert von Hand zu Hand und begleitet mit seinem archaischen Klang eine klagende, sehnsüchtige Weise von unwirklicher Schönheit.

Ein junger Mann mit Gewehr und buntem Umhang.
Auf dem Kopf trägt er ein Band aus Perlen, das Farben und Muster des Ohrrings wiederholt.

[GIANNI GIANSANTI]

BANNA
TÄNZER DES IWANGADI

BARS, BORDELLE, SPELUNKEN, AUS DENEN IN VOLLER LAUTSTÄRKE MUSIK PLÄRRT, UND FERNFAHRERTREFFS SÄUMEN DIE HAUPTSTRASSE« KANN MAN IN DEM REISEFÜHRER VON *LONELY PLANET* UNTER DEM STICHWORT »SASHEMENE« NACHLESEN.
Wir befinden uns im Rift Valley, im Großen Grabenbruch, und fahren Richtung Süden auf der Transafricana, der großen Lebensader, die Afrika in zwei Hälften teilt und Kairo mit Kapstadt verbindet.

Es ist ein klarer Tag, um die 20 Grad Celsius – und das in Äquatornähe! Hinter weidenden Ziegen und Rindern fliegen der Vulkan Zuqala und die Ortschaft Meki am Autofenster vorbei, später der Langano- und der Shalasee. An der Kreuzung von Sashemene verlassen wir die Transafricana und wenden uns Richtung Sodo. Wir fahren durch weitläufige Bananenplantagen und erreichen schließlich Arba Minch, die Stadt der vierzig Quellen. Wir kommen gerade noch rechtzeitig, um von der wunderbaren Aussichtsterrasse des Bekele-Molla-Hotels aus den x-ten Wolkenbruch mitzuerleben, der vor unseren Augen niedergeht.

In Arba Minch endet die Asphaltstraße in einer Schotterpiste voller Staub und Tücken. Kaum dass wir im Morgengrauen aufgebrochen sind, stellt sich uns auch schon das erste Hindernis in Form einer riesigen Pfütze in den Weg. Obwohl Paolo sieht, dass auf der anderen Seite Autos und Lastwagen warten, beschließt er, die Durchfahrt zu wagen. Gleich beim ersten Versuch bleiben wir stecken. Wie versuchen, uns herauszuschaukeln, aber je mehr die Reifen arbeiten, desto tiefer versinken wir im Schlamm. Kurz darauf dringt das erste Wasser durch die Türen. Unser Toyota hängt gefährlich schief auf einer Bodenwelle und zeigt mit der Schnauze um 30 Grad nach unten. Die Gefahr, umzukippen und damit unsere kaum begonnene Reise ernsthaft in Frage zu stellen, ist groß. Unter dem Geschrei und Gelächter einer Gruppe Kinder steigt Zinabu schließlich aus und schaut sich das Malheur an. Wir verstehen nicht, ob die Jugendlichen uns helfen oder ob sie nur so viel Birr wie möglich für ihr vages Hilfsangebot herausschlagen wollen. Das Wasser reicht ihnen bis zur Taille, als die vielleicht 20 Kinder in das Schlammloch steigen und unseren Wagen anzuschieben beginnen. Nach einer halben Stunde vergeblicher Versuche taucht aus heiterem Himmel ein Traktor auf und befreit uns in kürzester Zeit aus unserer misslichen Lage. Jedes der schlammverkrusteten Kinder erhält für seine Hilfe zwei Birr, die es stumm entgegennimmt. Endlich können wir weiter.

Bei Gidole überqueren wir den Fluss und erreichen bald Konso. Wir fahren weiter durch terrassierte Hügel und hinunter ins Tal des Woito. Unsere Reise endet für heute in der Nähe des Banna-Dorfes Hallatori, wo wir im Schein des Vollmondes unser

Bilder einer Überschwemmung: Mit Hilfe von Einheimischen gelingt es uns mühevoll, dem Schlamm zu entkommen.

Lager aufschlagen. Leise dringen die Gesänge unserer Nachbarn an unser Ohr.

Am nächsten Morgen fällt leichter Regen. Vor unserem Zelt lungern ein paar junge Männer herum. Vielleicht wollen sie wissen, wie wir aussehen, da sie uns noch nicht richtig beschnuppern konnten. Anaylem macht Feuer und kocht Kaffee. Unterdessen reden Paolo und Zinabu mit einem Banna und vereinbaren einen Besuch in seinem Dorf.

Nach einem kurzen Marsch gelangen wir in eine Ansiedlung, die hinter einem Hügel liegt und in der höchstens 30 Personen leben – meine erste Begegnung mit den Bewohnern dieses Tals. Die Banna erweisen sich als gastfreundliche Menschen mit unaufdringlichen Umgangsformen. Die Hütten, in denen sie leben, sind bequem und groß. An den Wänden lehnen ordentlich aufgereiht alle Werkzeuge, die sie für die Feldarbeit benötigen. Unvermittelt beginnen einige der jungen Männer und Frauen zu unseren Ehren den *iwangadi* zu tanzen, einen Werbungstanz. Die Frauen in der Mitte tanzen hüpfend auf die jungen Männer zu, die wiederum der Tänzerin ihrer Wahl folgen und dabei mit Gesten den Geschlechtsakt andeuten. Der Ritus dauert mehrere Stunden und endet fast immer mit der Vereinigung der Paare. Während des Tanzes verfolgt unser Gastgeber jede unserer Bewegungen. Er sorgt sich um eine schmächtige Pflanze, die Gefahr läuft, unter den Füßen der Tänzer zertrampelt zu werden. Mehrmals beobachte ich ihn dabei, wie er um die Pflanze herumstreicht, aber ein Moment der Unaufmerksamkeit genügt, und der kleine Zweig liegt geknickt auf der Erde.

Vorsichtig nimmt der Mann die kleine Pflanze und versucht, sie wieder aufzurichten. Aber es nützt nichts. Er versucht es noch einmal, aber wieder sinkt die Pflanze zu Boden. Der Mann gibt nicht so leicht auf und stützt die Pflanze mit einem dünnen Stock ab. Nur eine kleine Geste, aber ein Akt großer Liebe. Nicht lange, und die jungen Banna werden sich vereinen und auf ihre Art das Leben und die Liebe feiern.

IWANGADI

Getanztes Liebeswerben

Der *iwangadi*, der »Tanz der Nacht«,
ist ein Werberitual, an dem alle jungen
Männer und Frauen des Dorfes teilnehmen.

Die geselligen und keineswegs kriegerischen Banna
improvisieren als Zeichen ihrer Gastfreundschaft einen *iwangadi*.

Die Tänzer beginnen ihr Liebeswerben, indem sie sich hüpfend aufeinander zubewegen. Bei Interesse wird mit Tanzschritten erwidert. Der Tanz dauert oft bis spät in die Nacht und endet meist mit der Vereinigung der Paare.

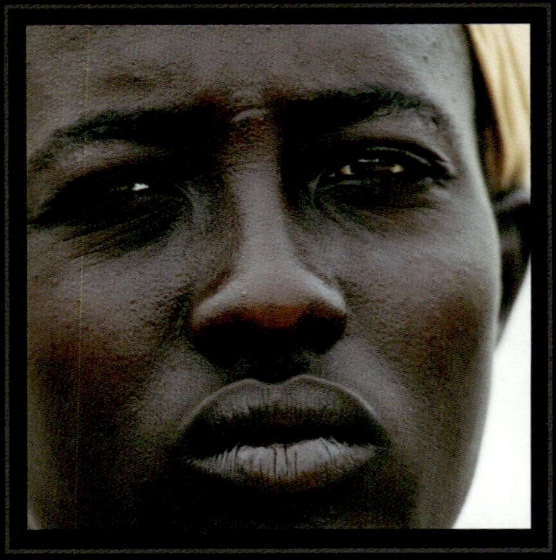

ZWISCHEN SAVANNE UND BERGEN

ERBORE

AM UFER DES CHEW BAHIR

[PAOLO NOVARESIO]

ERBORE

AM UFER DES CHEW BAHIR

DIE GEGEND UM DEN CHEW-BAHIR-SEE IST TROCKEN UND FLACH, DAS DORF IRBORE DER SÜDLICHSTE VORPOSTEN ÄTHIOPIENS. RICHTUNG KENIA LÖST SICH DIE STRASSE IN STAUBIGE PISTEN AUF, DIE INS NICHTS FÜHREN. Himmel und Erde verschmelzen am fernen, flirrenden Horizont, auf dem sich oft als Vorboten heftiger Sandstürme dunkle Wolken ballen. Eine unfruchtbare, verschlammte Senke und ein paar trübe Wasserpfützen – mehr ist nicht übrig geblieben vom ehemaligen Stefaniesee, der vor über 100 Jahren von Teleki entdeckt wurde. Die Wasser des Woito, des einzigen Zuflusses, erreichen schon seit Jahrzehnten nicht mehr das Zentrum des völlig ausgetrockneten Beckens. Und dennoch lassen die jahreszeitlich bedingten Überschwemmungen in dieser öden Landschaft eine lang gezogene Oase erblühen. Auf diesem schmalen Streifen fruchtbarer Erde pflanzen die Erbore Sorghum und Mais an. Die in regelmäßigen Abständen vom Schlamm zu neuem Leben erweckten Ufer des Woito bieten auch Weidegründe für das Vieh. Obwohl ihre landwirtschaftlichen Produkte zum größten Teil die Subsistenzgrundlage der Erbore bilden, betrachten sie sich selbst als Hirtenvolk. Rinder, Ziegen und Schafe liegen als Wert allen wirtschaftlichen Transaktionen zugrunde, stellen das nötige Kapital, um zu heiraten, und spielen ein große Rolle im rituellen Leben.

Das Volk der Erbore, auch Hor genannt, umfasst zirka 6 500 Personen, die in zwei große Untergruppen aufgeteilt sind. Die Marle, der ursprünglichste »Stamm«, leben an den Ufern des Chew Bahir. Erst in jüngster Zeit haben sie sich nach einer langen Periode der Auseinandersetzung mit den Hamar westlich des Woito niedergelassen und freundliche Aufnahme bei den Borana gefunden. Die Gandarobba halten sich in den nördlichen Territorien rings um Irbore auf und verfügen als Gruppe über die meiste Macht und das größte Ansehen. Die heutigen Erbore sind das Ergebnis der Verschmelzung verschiedener Ethnien, die im Laufe von Jahrhunderten schließlich ein einziges Volk formten. Bis heute sind Mischehen mit jungen Frauen aus anderen Ethnien die Regel. Ein Mann kann sich eine Frau bei den Borana, den Galeba, den Rendille suchen – wo immer es ihm beliebt –, nur ihre Erzfeinde, die Hamar, sind davon ausgenommen. Verbindungen mit den unbeschnittenen Frauen der Tsamai sind allerdings nicht gern gesehen. Auch von den Frauen der Konso wird aus unerfindlichen Gründen abgeraten, obwohl viele Erbore deren Sprache als Lingua franca sprechen. Borana verstehen alle, und einige

Ein breites Glasperlencollier und spiralförmige Eisenohrringe mildern den skeptischen Blick dieser jungen Frau.

Die Frauen der Erbore legen großen Wert auf ihre äußere Erscheinung.

Splittergruppen von niedrigerem Stand, die Waata Wondo zum Beispiel, benutzen es im Alltag. Sogar der Name »Erbore« entstammt der Sprache der Borana, und der Großteil der Erbore ist der Ansicht, in direkter Linie von den Borana abzustammen, wie auch die übereinstimmenden Bezeichnungen für viele Klans zeigen. Dank einer konsequenten Strategie des Absorbierens und Ausschließens konnten die Erbore bis heute ihre Eigenständigkeit behaupten, ohne dabei auf nützliche Kontakte mit der Außenwelt zu verzichten.

In der Vergangenheit waren die Erbore als geschäftstüchtige Händler bekannt. Europäische Forscher, die gegen Ende des 19. Jahrhunderts das Woito-Delta erreichten, waren überwältigt von ihrem Reichtum. Die Erbore waren in elegante Stoffe gehüllt, trugen Armreife aus Messing und Elfenbein und besaßen tausendköpfige Viehherden. Bottego beschreibt sie im September 1896 als polyglotte Kaufleute, die den gesamten Handel der Region beherrschten: »Dieser Stamm ist auch in weit entfernten Ländern wegen seines Handels bestens bekannt. Diese Bedeutung kommt den Erbore aufgrund ihrer Neutralität zu, die ihnen erlaubt, sich überall frei zu bewegen. Sie wissen es geschickt zu verhindern, dass die Safarà, somalische Kaufleute, an das Westufer des Sees vordringen, da sie keinesfalls ihr Privileg verlieren wollen, Elfenbein bei den Ghelebà [Galeba], Cherre [Karo] und Murzù [Mursi] zu kaufen und es mit großem Gewinn wieder loszuschlagen. Karawanen gegenüber verhalten sie sich gastfreundlich, solange ihre Vormachtstellung im Elfenbeinhandel unangetastet bleibt.«

Die Gesellschaft der Erbore basiert auf einem System von Altersgruppen. Die verschiedenen, jeweils in vier

Die Männer tragen eine Art Turban aus Tüchern, oft auch mit Blumenmuster.

Klassen unterteilten Generationen wechseln sich alle 40 Jahre an der Macht ab. Pflichten der politischen Führer sind es, Recht zu sprechen, die Beziehungen mit den Nachbarn zu pflegen und den Besitzstand an Land und Tieren zu regeln. Die Felder werden saisonal an verschiedene Familien vergeben. Vernachlässigt jemand seine Arbeit, kann er von der Feldvergabe ausgeschlossen und zu strengen Strafen verurteilt werden. Mit den Ernte-Überschüssen werden Salz, Kaffee und Gegenstände des täglichen Gebrauchs erworben. Die Konso und Hamar liefern Utensilien aus Eisen, Tongefäße und andere Waren, die von den Erbore nicht selbst hergestellt werden. Dieses dichte Netz aus Handelsbeziehungen erfüllt alle wirtschaftlichen Bedürfnisse und garantiert Frieden und Sicherheit in der Region. Kriegerische Auseinandersetzungen hätten für alle nur Nachteile.

Der weltlichen Autorität der Generationsgruppen steht jene der religiösen Führer, der so genannten *kawot*, gegenüber, die vom Vater auf den Sohn vererbt wird. An die *kawot* wendet man sich, damit sie für das Wohlergehen der Gesellschaft und um Erfolg im Kampf und bei den Raubzügen beten. Nur der *kawot* darf die Opfer bringen und um den ersehnten Regen bitten. Die Fruchtbarkeit der Erde hängt von seiner Fähigkeit ab, die Beziehungen zur Welt der Geister positiv zu gestalten. Jedes Jahr obliegt es dem *kawot*, die Wasser des Woito anschwellen zu lassen, indem er im trockenen Flussbett den Schwanz eines Schafes vergräbt.

Dank dieser Opfergabe lagert sich der Schlamm jedes Jahr aufs Neue auf den Feldern ab und lässt die Hirse üppig gedeihen. Und die Erbore werden weiter nach der Sitte ihrer Väter leben und sich einzigartig fühlen.

[GIANNI GIANSANTI]

BEOBACHTUNGEN

Die Erbore leben zwischen Savanne und Bergen, in großen Hütten aus Schilf, die wie umgedrehte Einbäume aussehen.

Sie sind ein armes Volk, strahlen aber große Würde und Faszination aus, vor allem die Frauen. Aus meinen Vorbereitungen wusste ich, dass sie als einziges Kleidungsstück einen schweren Lederrock tragen, die Haare zu einer Vielzahl langer, dünner Zöpfe geflochten haben und sich gerne mit Glasperlen schmücken. In Wirklichkeit musste ich dann feststellen, dass viele von ihnen den Kopf kahl geschoren haben und manche von ihnen einen langen, schwarzen Schleier tragen, der nur das Gesicht frei lässt

Ein Bild von meinem ersten Besuch in ihrem Dorf hat sich mir besonders eingebrannt: drei kleine Mädchen, die in diese Art Tschador gehüllt waren und mir schüchterne Blicke zuwarfen. Nachdem sie eingewilligt hatten, sich von mir fotografieren zu lassen, liefen sie aber ganz schnell wieder davon.

Die Männer tragen stolz Hemden in schreiend bunten Farben zur Schau und haben eine Art Pareo um die Hüften geschlungen. Manche tragen auch kurze Hosen. Aber am meisten hat mich überrascht, mit welcher Menge an Schmuck die Frauen behängt sind: mit Halsketten, Armbändern und vor allem mit Eisenreifen an den Fußknöcheln, deren leises metallisches Klirren jeden ihrer Schritte begleitet. Aber selbst mit geschorenen Köpfen und beladen mit sperrigem Schmuck sind die Frauen der Erbore noch von auffallender Schönheit.

Afrikas Licht, seine Düfte, Klänge und Menschen haben Künstlern schon immer als Anregung gedient. Hier gibt es ständig neue Gesichter für die Welt der Mode und des Theaters zu entdecken. Denn aus den Augen, Gesten und Bewegungen afrikanischer Frauen spricht noch immer der unverfälschte Geist ihres Landes. Mir ging es natürlich nicht viel anders. Auch ich war hingerissen von der Schönheit einer jungen Frau, die allein und aufrecht wie eine Statue im Buschwerk stand und uns von weitem beobachtete. Zu winzigen Zöpfen geflochtene Haare, die schwarze Stirn voller Schweißperlen, dunkle Augen, nackte, unter dem Berg aus Ketten kaum sichtbare Brüste, von engen Armbändern gefesselte Unterarme ... Um ihre Schönheit, die stolze Haltung und den wilden Blick einzufangen, habe ich Hunderte von Fotos verschossen. Und die ganze Zeit über verharrte die junge Frau reglos und in der Pose eines Modells, die Hände auf die Hüften gestützt, den Kopf erhoben, den Blick in die Savanne gerichtet.

Ich muss gestehen, dass meine Enttäuschung groß war, als sie nach zehn Minuten beschloss, dass wir nun genug gearbeitet hätten und es an der Zeit sei, von mir bezahlt zu werden. Ein Fotomodell hat auch hier seinen Preis, wie überall auf der Welt.

Vor dem Dorf: Zwei Kinder spielen Wächter auf einem provisorischen Ausguck über einem Sorghumfeld.

Frauen der Erbore

FASZINIEREND UND GEHEIMNISVOLL

Die jungen Mädchen der Erbore
tragen enge Bänder aus bunten
Glasperlen um den geschorenen Kopf.

Fussreife

Metallischer Klang

Eisen wird bei den Erbore traditionell zu Schmuck verarbeitet. Vor allem die Frauen tragen dicke, schwere Reifen um die Fußknöchel, und jeder ihrer Schritte wird von einem metallischen Klirren begleitet.

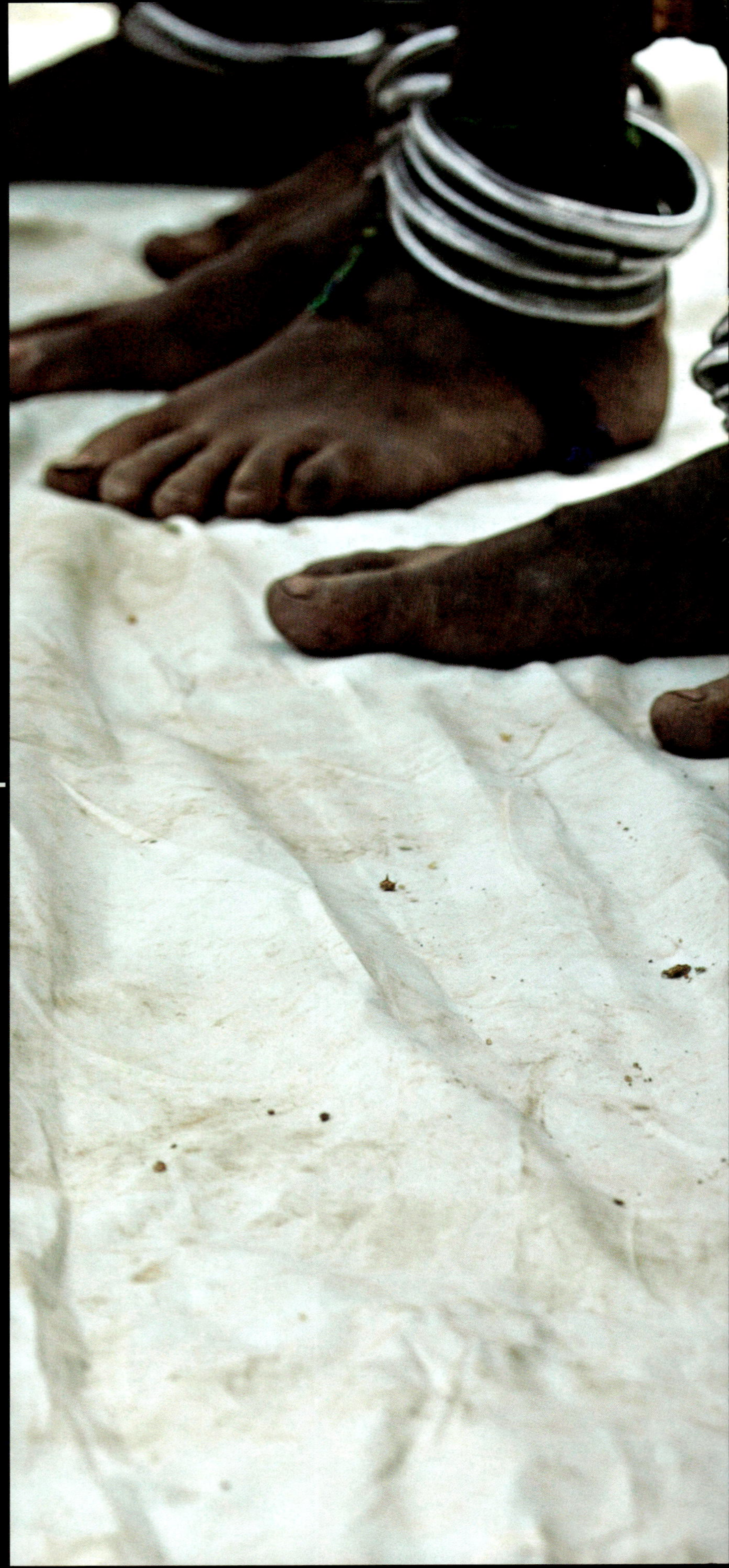

Ethiopia 2003/04
"Omo Valley"

... ABER SELBST MIT GESCHORENEN KÖPFEN UND BELADEN MIT SPERRIGEM SCHMUCK SIND DIE FRAUEN DER ERBORE NOCH VON AUFFALLENDER SCHÖNHEIT.

Offener Blick, üppige Lippen, spiralförmige Ohrringe und viele dünne Ketten zeichnen eine klassische Erbore-Schönheit aus.

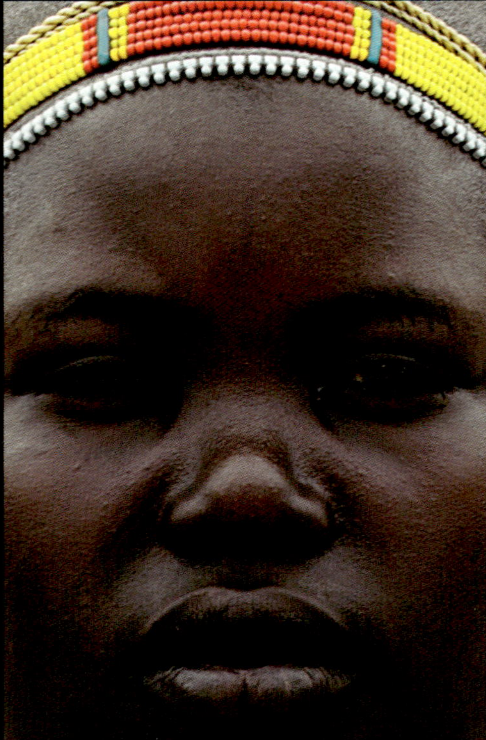

Ein Mädchen an der Schwelle zur Pubertät präsentiert ihren Schmuck aus Eisen und bunten Perlen.

DAS FRIEDLICHE ANTLITZ DES MENSCHEN

KONSO

DIE HANDWERKER ÄTHIOPIENS

[PAOLO NOVARESIO]

KONSO

DIE HANDWERKER ÄTHIOPIENS

UNGEFÄHR 40 KILOMETER SÜDLICH DES CHAMOSEES GEHEN DIE ÖSTLICHEN AUSLÄUFER DES RIFT VALLEY IN EINE GEBIRGIGE REGION ÜBER, DIE WIE EIN BALKON ÜBER DIE SAVANNEN UND WÜSTEN IM GRENZLAND ZWISCHEN KENIA UND ÄTHIOPIEN HINWEGRAGT.

In diesem Gebiet, das von dem weiten Bogen des Saganflusses umschlossen ist, sind die Konso zu Hause, ein Ethnie aus ungefähr 185 000 Personen. Seinem Ursprung nach Borana, umfasst das Volk der Konso drei verschiedene Gruppen, die sich in Sprache, Kultur und Wirtschaftssystem deutlich unterscheiden. Die Geschichte der Konso und der Borana ist eng miteinander verknüpft, und seit vielen Jahrhunderten leben die beiden Völker in einer Art Symbiose, die weit über den Tausch von Handelsgütern hinausgeht. Wie bei ihren Nachbarn basiert auch die Gesellschaft der Konso auf einer Zugehörigkeit zu Altersklassen, die wesentlich wichtiger ist als die Abstammung. Von erstaunlicher Ähnlichkeit sind auch die Rituale, die in einem festen Jahresrhythmus den Übergang von einer Altersgruppe in die nächste markieren und das Leben von der Kindheit bis ins Alter regeln. Sowohl die Männer der Konso als auch die der Borana tragen bei ihren Zeremonien auf der Stirn eine so genannte *kalacha*, ein phallusförmiges Ornament. Diesem Prestigeobjekt wird nachgesagt, dass es die Manneskraft stärken soll.

Die für ihre Geschicklichkeit bekannten Handwerker der Konso versorgen die nomadisch lebenden Borana mit den Produkten, die eine sesshafte Lebensweise hervorbringt: Baumwollstoffe, rituelle Gegenstände, Holzschüsseln und viele andere begehrte Luxusgüter. Das Weben der Stoffe und die Verarbeitung von Metallen ist den Männern vorbehalten, während die Frauen für das Gerben von Leder und die Herstellung von Tongefäßen zuständig sind. Auf den im täglichen Wechsel an verschiedenen Orten stattfindenden Märkten finden sich landwirtschaftliche Produkte in Hülle und Fülle. Kaffee, Getreide und Gemüse werden gegen Salz und Schlachttiere eingetauscht. Die Konso sind Meister des Ackerbaus und ringen ihrem kargen Terrain ein Maximum an Ertrag ab. Das steile, felsige Gelände ist reich an Niederschlägen und somit starker Erosion ausgesetzt, sodass permanent die Gefahr besteht, dass die Ackerkrume weggespült wird. Um das zu verhindern, sind die Felder der Konso auf Terrassen angelegt, die von Steinmauern abgestützt werden. Die auf diese komplizierte Art bestellte Anbaufläche beläuft sich auf über 650 Quadratkilometer, die mit einer zweispitzigen Hacke urbar gemacht und mit Mist und anderen organischen Stoffen gedüngt werden.

287 In Konso, im gebirgigen Zentrum Ostäthiopiens, befindet sich der lebhafteste und bunteste Markt im Tal des Omo.

290–291 Gefährliche Überfahrt auf dem Chamosee.

In dieser stark von Menschenhand geprägten, geometrischen Landschaft erheben sich die *waka*, Holzfiguren, die zum Andenken an wichtige Persönlichkeiten und verstorbene Helden errichtet wurden. Um den Verstorbenen mit seinen stilisierten Gesichtszügen sind die Nachbildungen seiner getöteten Feinde, seine Frauen und Menschen, die ihm nahe standen, gruppiert. Beschützt von den wohlwollenden Blicken der *waka* und dank ihres eigenen Fleißes können die Bauern der Konso nach der jeweils in den Frühjahrs- und Herbstmonaten einsetzenden Regenzeit mit zwei Ernten im Jahr rechnen. Auf den terrassierten Hügeln werden Weizen und Hirse, in tieferen Lagen Sorghum angebaut.

Die Konso unterscheiden über 24 verschiedene Arten Hirse mit jeweils bestimmten Qualitäten. Außer Getreide werden auch noch Baumwolle, Tabak, Hülsenfrüchte und Gemüse kultiviert. Ein wichtiges Nahrungsmittel sind auch die essbaren Blätter des hochstammigen *moringa stenopetala*, des »Kohlbaums«, der in ganz Ostafrika für seinen Nährwert und seine desinfizierenden Eigenschaften bekannt ist. Die Konso sammeln auch wilden Honig und halten Rinder, Ziegen und Schafe, deren Milch hauptsächlich zur Ernährung von Kleinkindern verwendet oder zu Butter verarbeitet wird. Geschlachtet werden die Tiere nur zu zeremoniellen oder sonstigen gesellschaftsrelevanten Anlässen. Das Sammeln wilder Früchte und die Jagd werden eher selten praktiziert. Alle Vögel, deren Eier, Fische und ein Großteil der wilden Tiere sind durch Tabus geschützt.

In der ethnischen Vielfalt Südäthiopiens stellen die Konso auch in anderer Hinsicht eine Ausnahme dar. Mut und Kraft sind zwar geschätzte Eigenschaften bei Männern, sonst jedoch stehen sie jeglicher Form von Gewalt eher ablehnend gegenüber. Mord wird streng bestraft, und Konflikten geht man so weit wie möglich aus dem Weg. Bestimmte Waffen wie mit Widerhaken versehene Lanzen, die schwerste Verletzungen zufügen können, sind aus Tradition verboten. Blut zu vergießen beleidigt Gott und verunreinigt Mutter Erde, von deren Gaben das materielle Überleben der Gesellschaft abhängt.

Die friedlichen und ausgesprochen sanftmütigen Konso haben genaueste Versöhnungsrituale entwickelt, die sowohl im Kriegsfall als auch bei Streitigkeiten innerhalb der Gruppe Anwendung finden. Die Rechtspflege obliegt der Versammlung der Ältesten. Hat sich jemand schuldig gemacht, wird er der öffentlichen Verachtung preisgegeben und riskiert, aus dem Dorf verbannt zu werden oder den Beistand der Gemeinschaft im Notfall zu verlieren. Das Gefühl der Solidarität ist unter den Konso sehr stark ausgeprägt. Die Unterstützung der ganzen Gruppe ist auch unerlässlich, um die terrassierten Felder anzulegen, Brunnen zu graben, die Feldfrüchte in den Dürreperioden zu bewässern und gegen andere natürliche Rückschläge gewappnet zu sein.

Ergebnis dieser Zusammenarbeit sind auch die hohen Steinmauern rings um die Dörfer, die normalerweise etwas erhöht erbaut und so leicht zu verteidigen sind. Ein von Holzzäunen gesäumtes

Wegenetz verbindet die verschiedenen Viertel einer Dorfanlage. Stein und Holz, solide und haltbar, sind nicht nur die bevorzugten Baumaterialien der Konso, sondern finden auch im täglichen Bedarf ihre Anwendung. Aus dem Holz werden Bienenstöcke, Tränken, Schüsseln und Behältnisse jeglicher Art geschnitzt. Aus Stein sind die Mühlsteine zum Mahlen des Getreides, die Wände der Brunnenschächte und die Wetzsteine zum Schärfen der Ackergeräte und Messer.

Im Inneren dieser befestigten Anlagen verfügt jede Familie über einen privaten Wohnbereich, der ebenfalls umzäunt ist und auf dem sich der Getreidespeicher, die Unterstände für das Vieh und diverse andere runde, mit Stroh gedeckte Hütten befinden. Hier wohnen das Familienoberhaupt und der erstgeborene Sohn mit seiner ältesten Frau und den gemeinsamen Kindern. Die jüngeren Söhne werden nach ihrer Heirat ermutigt, sich so rasch wie möglich eine eigene Unterkunft zu suchen. In allen Vierteln gibt es öffentliche Räume für Versammlungen und Zeremonien. Die Ansiedlungen der Konso mögen einem oberflächlichen Betrachter als chaotisches Labyrinth erscheinen. Doch die alle Lebensbereiche durchdringende Parzellierung ist in Wirklichkeit Ausdruck eines analytischen und peniblen Verstandes, hinter dem sich die Gewohnheit verbirgt, in einer rauen und bisweilen auch feindlichen Umgebung jedes Fleckchen Erde bestmöglich zu nutzen.

So kommt es im Gebiet der Konso häufig zu ausgiebigen Regenfällen, die verheerende Überschwemmungen nach sich ziehen. Oder es regnet gar nicht, und die Erde ist staubtrocken. Hält die Dürre länger an, nützen auch die in Jahrhunderten angeeigneten bäuerlichen Fähigkeiten nichts mehr. Dann herrschen Mangel, Hunger und Unterernährung.

Die Harmonie der Schöpfung, Frucht menschlicher Arbeit und göttlichen Wohlwollens, ist ständig vom Chaos bedroht. Jenseits des Schachbrettmusters der bestellten Felder erstreckt sich eine geheimnisvolle Welt, das Reich von Dämonen und Geistern, die vor allem nachts aktiv sind. Diese bösartigen Kreaturen wohnen in Bäumen und Brunnenschächten und streifen ruhelos an den Rändern der Dörfer umher. Werden sie beschworen oder gestört, können sie Wahnsinn, Unfruchtbarkeit, Krankheit und Tod auslösen. Manchmal ergreifen sie Besitz von einem Menschen und bedienen sich seiner. Es kann auch passieren, dass die Geister der Verstorbenen die Lebenden im Schlaf besuchen, was als schlechtes Omen gilt. Um gegen diese übernatürlichen Kräfte gewappnet zu sein, suchen die Konso Zuflucht bei Wahrsagern. Sie sind die einzigen, die die Quelle des Übels entschleiern und den Besessenen von den schädlichen Einflüssen befreien können.

Das Leben der Konso ist hart und nicht ohne Probleme, aber es hat auch seine angenehmen Seiten. Musik und Tanz sind ein bevorzugter Zeitvertreib, vor allem nach Sonnenuntergang, wenn die südliche Hitze in die Milde des Abends übergeht. Dann scheint *Waq*, der gütige Herr des Himmels, wieder zu den Menschen zurückzukehren, so wie es auch am Anfang aller Dinge war.

[GIANNI GIANSANTI]

KONSO

PARADIES AUF ERDEN

WÄHREND MEINER REISEN IN ÄTHIOPIEN HABE ICH VIELE MALE DAS GEBIET DER KONSO DURCHQUERT; DAHINTER BEGINNT DER ABSTIEG IN DIE ÖSTLICHEN REGIONEN DES OMO-TALS.

Jenseits dieser deutlich spürbaren Grenze sind keinerlei Spuren dessen mehr zu finden, was wir als Zivilisation bezeichnen würden. Als wir uns das erste Mal hier aufhielten, hatten wir mehr als zwei Wochen in der Umgebung des Mago-Nationalparks unter Banna, Mursi, Hamar und Galeba verbracht. Gegen Abend erreichten wir das Dorf Goeha, wo wir unsere Zelte aufschlugen. Die Luft ist frisch um diese Tageszeit, und die Farben leuchten. Der Hauptplatz des Dorfes und die umliegende Landschaft unterschieden sich deutlich von jenem Afrika, das ich bisher kannte. Der Rasen war gepflegt wie der eines Golfplatzes und von kunstvoll geschichteten Steinmauern begrenzt. Die Konso sind berühmt für ihre in Terrassen angelegten Felder und Gärten, da sie gezwungenermaßen lernen mussten, ihr steiles und hügeliges Land zu bestellen. Zu unserem Empfang war niemand gekommen. Nur ein alter Mann hockte am Boden, der mit sich selbst redete und die paar Brocken von »Faccetta nera« (des italienischen Soldatenlieds aus dem Abessinienfeldzug) von sich gab, an die er sich noch erinnerte. Der Dorftrottel, wie es schien. Nach Tagen in der trockenen Savanne, dann an Seen voller Krokodile und Flusspferde und immer umgeben von lauten, lärmenden Einheimischen stellten wir mit Erstaunen fest, dass wir uns hier offenbar in einer Art äthiopischer Schweiz befanden. Und genauso fleißig waren deren Bewohner. Während unseres gesamten Aufenthaltes trafen wir außer dem verwirrten Alten nur wenige Personen an, die ihre ganze Zeit beim Gabata-Spielen verbrachten.

Zinabu erklärte mir schließlich die Ursache für die ungewohnte Ruhe im Dorf. Der König der Konso, Welde Davit Keyote, der genau dort wohnte, wo wir unser Lager aufgeschlagen hatten, war schwer krank. Alle Bewohner liefen quasi auf Zehenspitzen umher und verhielten sich respektvoll und leise. Auch wir passten uns selbstverständlich ihrem Verhalten an und wussten die Ruhe letztendlich sehr zu schätzen.

Vier Monate später kehre ich ins Land der Konso zurück. Auch dieses Mal habe ich wieder Wochen intensiver Arbeit im Gebiet der Hamar und der

Die Hütten der Konso-Dörfer sind wegen der Ziegen und Hühner von Zäunen umgeben. Große Tonkrüge bilden den Abschluss der kegelförmigen, aus Rohr gefertigten Dächer.

Mursi hinter mir und empfinde erneut dieses Gefühl des Friedens beim Anblick der Gärten, der von Bäumen gesäumten Wege und der kleinen Wälder. Hier kann ich aufatmen. Das Rascheln der Blätter und das Zwitschern der Vögel erinnern mich an eine Geschichte, die ich irgendwo einmal gelesen habe. Mehr oder weniger ging es darum, dass sich die Schutzgeister eines Ortes nur dort vermehren können, wo sich der Mensch der Natur unterordnet. Ich denke darüber nach, welche Faszination Orte wie dieser haben, wo scheinbar nie etwas geschieht.

Da reißt Zinabu mich aus meinen Gedanken und will wissen, ob ich vielleicht Interesse daran habe, einen Toten zu fotografieren. Im ersten Moment reagiere ich natürlich etwas befremdet, worauf Zinabu mir erklärt, dass im Juni, kurz nach unserer Abreise, der König gestorben sei. Wie es bei den Konso Sitte ist, wurde sein Leichnam einbalsamiert und in einer Hütte aufgebahrt. Erst neun Jahre, neun Monate und neun Tage nach seinem physischen Tod darf er bestattet werden. Denn für die Konso gilt ein Verstorbener bis zum Zeitpunkt seiner Bestattung nur als sehr krank. Aus diesem Grund ist es üblich, den Leichnam in einer Hütte rund um die Uhr von ausgewählten Wächtern bewachen zu lassen. Sie waschen ihn drei Mal täglich, kleiden ihn an und wechseln sich dabei ab, ihm Tag und Nacht Gesellschaft zu leisten.

Ich mache mich daran, den Toten zu fotografieren, während Zinabu sich bemüht, mir die Kultur der Konso nahe zu bringen. Die Konso hängen im Wesentlichen animistischen Galubensvorstellungen an und sind überzeugt, dass allem in ihrer Umgebung eine okkulte Kraft innewohnt. Deshalb verehren sie auch die so genannten *waka*, hölzerne Totenstatuen, die zu Ehren ihrer Ältesten oder tapferen Krieger an Wegen aufgestellt werden, damit sie über die Vorübergehenden und die Welt der Lebenden wachen.

So weit die Tradition. Aber Traditionen und Bräuche ändern sich je nach Bedarf und Notwendigkeit, und so erfahre ich, dass der Leichnam des Königs bald bestattet werden soll, da das Geld zur Verpflegung der Wächter fehlt. Aus demselben Grund wurden auch die *waka*-Statuen, gleichermaßen begehrte Beute von Sammlern und Feinden der Konso, in der Hütte des Toten zusammengetragen, damit für alle nur ein Wächter zu bezahlen war.

Ich betrete die Hütte. Vor mir liegt der König – oder besser gesagt das, was noch von ihm übrig ist – angekleidet auf dem Boden, den Kopf auf einer hölzernen Nackenstütze ruhend. Die Verwesung ist bereits weit fortgeschritten. Mir fällt jedoch auf, dass sein Gesicht sorgfältig konserviert wurde. Die Wirkung ist einzigartig, auf tragische Weise aber auch komisch, ebenso wie der halluzinierende Blick des vom Gestank überwältigten Wächters. Trotzdem kommt mir die Geschichte vom *Genius loci* wieder in den Sinn. Auch fällt mir wieder ein, was Zinabu über die animistische Religion gesagt hat. Denn vor mir liegt ein Mensch, ein König!

Eigentlich bin ich nicht der Typ, der an Geister, Erscheinungen oder ein Leben nach dem Tod glaubt. Und auch nachdem ich meine Videokamera in die Hand genommen habe und auf dem Display der Totenschädel und darüber in roten Buchstaben eine Fehlermeldung aufleuchtet – ATTENTION! –, bin ich immer noch nicht so leicht zu erschüttern …

295 oben Ein Wächter vor der Hütte mit den sterblichen Überresten des Konso-Königs Welde Davit Keyote. Der mumifizierte königliche Leichnam soll gemäß der Tradition neun Jahre, neun Monate und neun Tage bis zur Bestattung aufgebahrt bleiben.

295 unten Hölzerne Statuen, so genannte *waka*, werden zu Ehren von Ältesten und verdienten Kriegern aufgestellt, deren Geist darin weiterleben soll.

Gezähmte Natur

Hütten und Terrassen

Mit großem Geschick terrassenförmig angelegte Gärten sind charakteristisch für die auf grünen Hügeln gelegenen Dörfer der Konso.

Königliches Dorf

Domizil des Oberhaupts

298–299 Im Dorf des Königs: Zwei Männer beim Gabata-Spielen, einem typischen Zeitvertreib in diesem Teil Äthiopiens.

300–301 Eine Gruppe junger Konso bei der Rückkehr ins Dorf mit schweren Holzbündeln auf dem Rücken.

Junge Konso

Ein anstrengendes Leben

302–303 Müde vom Tragen ihres schweren Bündels, legt ein junges Mädchen auf der Straße zum Markt eine kurze Rast ein.

304–305 Von Kindesbeinen an sind die Konso an den Transport schwerer Lasten gewöhnt.

ETHIOPIA 2003/04
"OMO VALLEY"

... DIE KONSO SIND MEISTER DES ACKERBAUS UND RINGEN IHREM KARGEN, SCHWIERIGEN TERRAIN MAXIMALEN ERTRAG AB.

307 Die gestreiften Röcke der Konso-Frauen sind in den Farben der äthiopischen Flagge gehalten.

308–309 Dicke Gemüsebündel, die auf dem Markt von Konso verkauft oder eingetauscht werden.

DER GESANG DES WASSERS

BORANA

KINDER DER MORGENRÖTE

[PAOLO NOVARESIO]

BORANA
KINDER DER MORGENRÖTE

LANGSAM STEIGT DAS WASSER IM DRÄNGENDEN RHYTHMUS EINES KLAGELIEDS AUS DEN TIEFEN DER ERDE EMPOR. DAMIT NICHT EIN TROPFEN DES KOSTBAREN GUTES VERLOREN GEHT, BESTIMMT DER MEISTER DES GESANGS DEN RHYTHMUS, IN DEM GESCHÖPFT WIRD UND IN DEM DAS VIEH ZUGANG ZUR TRÄNKE BEKOMMT.

Diese »singenden Brunnen« der Borana sind ein Wunderwerk an Logistik und Poesie. Ringsum erblickt das Auge nur niedrige Hügel und versengte Ebenen. Der Erdboden ist mit dornigem, halbhohem Gestrüpp bedeckt, nur hier und da ein vertrocknetes Grasbüschel, an dem ein grimmiger Wind zerrt. Die Landschaft rings um Dublock, auf halbem Weg zwischen dem Dorf Yabello und der Grenze zu Kenia gelegen, scheint Mensch und Tier gleichermaßen jede Hoffnung auf Überleben zunichte zu machen. Dublock ist eine der wichtigsten Viehtränken in der Region, eine der wenigen, die selbst in der Trockenzeit nicht versiegt. Hier gibt es ungefähr zwanzig Brunnen, aber niemand kann mit Sicherheit sagen, wie und wann sie bis zu 30 Meter tief in den harten Fels gegraben wurden. Es muss eine gewaltige Aufgabe gewesen sein, die nur von einer reichen und straff organisierten Gesellschaft bewältigt worden sein kann. Hohe Steinstufen führen über mehrere Terrassen hinunter zum Grund der Vertiefung und zur Quelle. Das Wasser heraufzuschaffen ist eine ermüdende Arbeit, zu der viele Helfer benötigt werden – eine heilige Pflicht für die Hirten der Borana, wenn sie mit ihren Viehherden überleben wollen.

Die Borana gehören zur großen Familie der Oromo, als deren erstgeborene und reinste Nachkommen sie sich betrachten. Sie, die sich selbst »Kinder der Morgenröte«, das auserwählte Volk des höchsten Gottes *Waq*, nennen, sind die Einzigen, die die glorreichen Traditionen ihrer Ahnen weitergeben dürfen.

Das Land der Borana erstreckt sich vom Lauf des Juba bis zu den Ufern des Chew Bahir und den von den Konso bewohnten Bergen und umfasst weite Gebiete von Nordkenia. Dieses riesige, wüstenhafte Territorium kommt im Jahr auf nicht mehr als 300 Millimeter Niederschläge, die vor allem im November und Dezember fallen. Aufgrund der ungeheuren Hitze, die tagsüber herrscht, und des Fehlens einer schützenden Wolkenschicht tritt kaum Wasser zu Tage. In dieser unwirtlichen Gegend können nur Nomaden überleben. Die Existenz der Borana ist deshalb auf das Engste mit der ihres Viehs verknüpft, ihr

Borana beim mühevollen Wasserschöpfen aus den »singenden Brunnen«.

ganzer Reichtum und ihre Hauptnahrungsquelle. Ziegen und Schafe liefern Fleisch und Milch, während Esel und Kamele vorwiegend als Lasttiere und als Tauschware Verwendung finden. Aber der Reichtum eines Mannes und sein sozialer Status werden an der Anzahl seiner Rinder gemessen. Die Borana lieben und ehren ihr Vieh, vor allem ihre Rinder. Das Rind ist kultureller Dreh- und Angelpunkt, Symbol der Macht und Objekt komplexer Rituale. Es ist religiöses Opfertier, Währung, unverzichtbarer Teil des Brautpreises; in Rindern wird im Falle eines Schadens oder einer Kränkung die nötige Wiedergutmachung berechnet. Je nach Schwere des Verbrechens ist der Schuldige gezwungen, das Opfer mit einer bestimmten Anzahl von Tieren zu entschädigen. Die Sanktionen können sehr drastisch ausfallen. Jemanden zu beleidigen zieht den Verlust eines Ochsen nach sich; wird einem Angehörigen der Gemeinschaft Vieh geraubt, muss dieser mit der fünffachen Anzahl der gestohlenen Tiere entschädigt werden, während ein Mord mit einer hundertköpfigen Herde gesühnt werden muss. Die Herden bestehen vorwiegend aus ostafrikanischen Buckelrindern, eine extrem robuste Rasse und bestens in der Lage, lange Wüstenwanderungen auf der Suche nach Wasser und neuen Weideflächen zu überstehen.

Die Behausungen der Borana entsprechen den Bedürfnissen ihres nomadischen Lebens. Die Hütten bestehen aus einem Gestell aus gebogenen, ineinander verschlungenen Ästen und einem Dach aus geflochtenen Palmblättern; sie sind schnell abzubauen und leicht auf dem Rücken eines Kamels zu transportieren. Der Aufbau des Lagers wird, wie jede körperliche Arbeit, als eines Mannes unwürdig erachtet und ist deshalb Aufgabe der Frauen, die in wenigen Stunden mitten im Nichts ein funktionierendes Dorf errichten. Sie sind auch für das Wasserholen und Brennholzsammeln, das Melken der Kühe und natürlich für die Aufzucht der Kinder zuständig. Den Männern sind die prestigeträchtigeren Arbeiten vorbehalten. Sie graben die Brunnen und tränken das Vieh.

Zu bestimmten Perioden des Jahres beschäftigen sich die Borana mit der Gewinnung von Salz, das in den Kraterseen erloschener Vulkane zu finden ist. Der kleine See El Sod unweit der Brunnen von Dublock ist der bekannteste dieser Seen. Sein trübes, schwarzes Wasser birgt ungeheure Salzvorkommen, die seit Urzeiten von den Hirtenvölkern gewonnen werden. Der El Sod liefert verschiedene Salzarten. Das weiße, dessen Qualität umso besser ist, je tiefer die Vorkommen liegen, ist zum eigenen Verzehr bestimmt. Der schwarze Schlamm, der den Grund des Sees bedeckt, wird an das Vieh verfüttert. Salz ist ein begehrtes Handelsgut und wird von den Borana neben Fleisch, tierischen Produkten und manchmal auch Elfenbein gegen Getreide, Tee, Tabak und Honig eingetauscht, vor allem mit den Konso.

Die höchste Pflicht der Männer besteht jedoch darin, die Gruppe gegen Überfälle zu verteidigen. Der Krieg stellt für die Borana eine unausweichliche Notwendigkeit dar. Stabilität und Harmonie genießen im Inneren der Gruppe höchste Wertschätzung, verlieren aber jegliche Bedeutung im Umgang mit Nachbarvölkern, die als Feinde und Konkurrenten um die Verteilung der natürlichen Ressourcen angesehen werden. Aggressives Auftreten Fremden gegenüber gilt als Tugend, sich seines Besitzes zu bemächtigen als gutes Recht. Jeder, der einen Feind tötet, darf sich zum Beweis mit einem Armreif aus Elfenbein schmücken. Um als *diira*, männlich, anerkannt zu werden, ist Tapferkeit oberste Pflicht. Die Erzählungen der Borana sind ein einziger Lobgesang auf Vernichtung und Ausrottung. In Liedern und Legenden werden mythische Gestalten gefeiert, große Krieger, deren Taten als Vorbild dienen sollen. Madd Boru Dada ist unter diesen der bekannteste. Der unbesiegbare Kämpfer und Anführer einer verwegenen Räuberschar wurde wegen seines Feldzugs gegen die Arsi berühmt, die er in der ersten Hälfte des 19. Jahrhunderts beinahe ausgerottet hätte.

Die Bewaffnung der Borana ist einfach, aber wirkungsvoll: schwere Lanzen für den Kampf Mann gegen Mann, Speer, Schild und Schwert. Die Ankunft der Feuerwaffen hat zwar die Kriegstechnik verändert, nicht aber die Einstellung dazu. Jeder Angriff wird genauestens vorbereitet und erfolgt nur nach vorangegangenen Ritualen zur Beschwörung eines günstigen Schicksals. Zuerst werden Späher ausgeschickt, um den Feind auszuspionieren. Sie sollen die Anzahl seiner Krieger zählen und den besten Zeitpunkt zum Zuschlagen festlegen. Ziel des Angriffs ist immer das Viehgehege. Eine ausgewählte Gruppe von Kämpfern öffnet die Tore, treibt die Rinder zusammen und sucht damit so schnell wie möglich das Weite, beschützt von einem Kordon aus Kriegern, die sie gegen die unvermeidlichen Attacken der Bestohlenen verteidigen. Noch während des Rückzugs wird die Beute zu gleichen Teilen auf alle Teilnehmer des Raubzugs verteilt. Bei der Rückkehr ins Dorf wird den Kriegern unter schrillem Geheul der Frauen ein triumphaler Empfang bereitet.

Das Gesellschaftssystem der Borana, das *gada*, weist der Person des Kriegers große Bedeutung zu und beruht auf einer Schichtung der Gesellschaft nach Generationen. Begleitet von bestimmten Ritualen, erfolgt alle acht Jahre der Aufstieg von einer Rangstufe in die nächste, die innerhalb der Hierarchie eine präzis definierte Rolle mit sich bringt. Ausschlaggebend für die Zugehörigkeit eines männlichen Kindes zu einer Klasse innerhalb des *gada*-Systems ist die Altersklasse des Vaters; dabei können die Söhne durchaus unterschiedlichen Alters sein. Es gibt elf Rangstufen, die das Leben eines Mannes von Kindheit an reglementieren. Der Sitte nach erfolgt der Eintritt in das öffentliche Leben mit der Namensgebung. Jede neue Stufe bringt weitere Rechte und Pflichten mit sich: Verantwortung für das Vieh, die Erlaubnis, Waffen zu tragen, das Recht, zu heiraten und Kinder zu zeugen, Strafen zu verhängen und auszuführen.

Die Beschneidung findet im Alter von 13 bis 15 Jahren statt. Die oberste Rangstufe bildet der Stand der Ältesten; Weisheit, Würde und Gelassenheit auch in den schwierigsten Momenten zeichnen die Angehörigen dieses Standes aus. Sie sprechen langsam und leise und verständigen sich in einer Sprache, die den Initiierten vorbehalten ist. Heute hat das *gada* als Machtsystem an Bedeutung eingebüßt, es ist aber immer noch von großem symbolischem Wert. Es ist der Stärke ihrer Tradition zu verdanken, dass die Eigenständigkeit und Einheit des Borana-Volkes bis heute ungebrochen sind.

ETHIOPIA 2003/04
"OMO VALLEY"

... SIE NENNEN
SICH SELBST
KINDER DER MORGENRÖTE,
DAS AUSERWÄHLTE VOLK
DES GOTTES *WAQ*,
UND DÜRFEN ALS EINZIGE
DIE GLORREICHEN
TRADITIONEN IHRER
AHNEN WEITERGEBEN.

Die Frauen der Borana zählen zu den anmutigsten in ganz Äthiopien.

Die Borana leben in halbstationären Dörfern. Ihre von den Frauen erbauten Hütten haben ein Dach aus Ästen und bleiben tagsüber erstaunlich kühl.

Ein Hirte ruht sich auf der Weide
vor dem Dorf bei seiner Herde aus.
Rechts im Hintergrund ein für diese
Gegend typischer Termitenhügel.

Land der Herden

Die Strasse des Wassers

322–323 Auf der Straße zu den »singenden Brunnen« wird das Vieh auf die Weide oder zum Trinken geführt.

324–325 Traditionell obliegt den Frauen der Borana der Transport des Wassers und die Pflege der Dromedare.

Singende Brunnen

Im Inneren der Erde

Tief unten in den Brunnen haben sich die Männer auf natürlichen Treppenstufen verteilt und reichen die randvollen Eimer nach oben.

328 und 329 Die Arbeit der Männer wird von rhythmischen Gesängen begleitet, die sie bereits als Kinder erlernt haben. Diesem Brauch verdanken die Brunnen ihren Namen.

Harte Arbeit: Stundenlang stehen die Männer im eisigen Wasser der Quelle.

Ein junger Mann wendet sein Gesicht der Sonne zu. Der – soweit bekannt – tiefste Brunnen reicht bis zu 40 Meter in die Erde.

[GIANNI GIANSANTI]

EL SOD
LEBEN IM VULKAN

SCHNURGERADE VERLÄUFT DIE TEERSTRASSE QUER DURCH DIE SAVANNE IN RICHTUNG MOYALE, LETZTE ORTSCHAFT VOR DER GRENZE ZU KENIA. VON DUBLOCK AUS FÜHRT EINE ZWÖLF KILOMETER LANGE PISTE DIREKT ZUM GRÖSSTEN SALZDEPOT ÄTHIOPIENS: EL SOD.

Das Dorf der Borana liegt oben auf dem Kraterrand des seit Jahrhunderten erloschenen Vulkans, der auch unter dem Namen Chew Bit bekannt ist, »Haus des Salzes«. Im Inneren des Kraters hat sich ein See gebildet, der einen für die Bewohner der Gegend überlebenswichtigen Schatz birgt. Voller Neugierde beschließen wir, diesem See einen Besuch abzustatten.

Der Lärm, den Paolos Ankunft begleitet, lockt eine Schar von Kindern an, die sofort unseren Wagen umringen und uns hoffnungsfroh ihre armselige Ware entgegenstrecken: Ketten, Gegenstände aus Aluminium, Stöcke. Etwas weiter entfernt hocken zwei Männer unter einem Strohdach und kauen Khat. Hin und wieder streckt einer von ihnen den Arm aus und hält einer Ziege, die vor ihnen weidet, einen Zweig hin. Nachdem sie irgendwann jede Hoffnung auf ein Geschäft mit uns aufgegeben haben, bieten sich zwei der Jungen als Führer zum Grund des Kraters an.

Ein breiter, staubiger Pfad führt hinunter zum See, der aussieht wie eine große Tasse Kaffee, so schwarz ist er. Nach ein paar Kehren wird der Weg schwieriger. Geröll tritt anstelle der weichen Erde, und das laute, rhythmische Klappern der Hufe unserer Maultiere begleitet den weiteren Abstieg. Das weite Rund des Vulkans ist mit Bäumen und leuchtend grünen Büschen bewachsen, Folge der ausgiebigen Niederschläge um diese Jahreszeit; auch der Wasserstand des Sees ist erhöht. Der Anblick der weißen Streifen am Seeufer und der rötlichen Rillen, die aus dem Wasser hervorblitzen, erinnert an eine Mondlandschaft.

In der Trockenzeit sieht man hier viele Männer am Arbeiten, während sich jetzt nur eine Hand voll Unentwegter abrackern, die vollkommen nackt am Ufer des Sees neben ihren Maultieren sitzen und gerade dabei sind, Partien ihres Körpers mit bunten Stofflappen zu umwickeln. Das salzhaltige Wasser des Sees würde sonst höllisch auf der Haut brennen. Deshalb wird zuerst etwas Harz auf Wunden und Verletzungen gelegt und anschließend mit einem Stück Stoff sorgfältig festgebunden, ehe die Männer mit bunten Plastikwannen in den Händen in das schwarze Wasser gleiten. Ein harter Arbeitstag steht den Männern bevor, die meist zu zweit arbeiten. Mit langen Stangen klopfen sie den Boden des Sees ab, um die Salzblöcke zu lösen. Dann tauchen sie hinunter und kommen mit schlammigen Brocken wieder zum Vorschein, die sie in die neben ihnen treibenden Plastikwannen hieven.

Mittlerweile steht die Sonne hoch am Himmel, und der Vormittag verfliegt rasch mit dem unablässigen Kommen und Gehen der Männer, die abwechselnd

Müde, entzündete Augen und ein salzverkrustetes Gesicht sind Folgen der harten Arbeit im Vulkan.

ihre Ausbeute zum Trocknen ans Ufer schaffen. In der Stille des Kraterrunds lassen sich hin und wieder kurze, knappe Anweisungen der älteren Männer vernehmen, dann herrscht wieder Schweigen. Mein Blick bleibt an zwei Männern hängen, wahrscheinlich Vater und Sohn. Bis zum Hals im Wasser stehend, tauchen sie abwechselnd unter und füllen ihre Wannen mit der wertvollen Fracht. Mit unbeholfenen Paddelschlägen stoßen sie dann die Wannen im Wasser vor sich her und schaffen sie ans Ufer, wo sie die Behälter mit einer raschen Bewegung leeren. Diese fast nackten, von Wasser umspülten Männer scheinen mir dem Vulkan entsprungen, in dessen Eingeweiden sie wühlen, um daraus die für ihr Überleben notwendige Nahrung zu schöpfen.

Der Aufstieg in glühender Hitze ist so anstrengend, dass mir schwindlig wird, aber das Bild von Vater und Sohn mit ihrer weiß gefleckten Haut, den angetrockneten Spuren des Salzes, will mir nicht mehr aus dem Kopf gehen. Als uns nur noch wenige Kehren vom oberen Kraterrand trennen, hören wir die lauten Rufe einer Frau, die sich zum See hinunterbeugt. Wahrscheinlich sind es nur ein paar banale Bemerkungen, aber irgendwie gefällt mir die Vorstellung, sie könnte die Mutter oder Ehefrau eines der beiden Männer sein, die ihnen einen liebevollen Gruß schickt.

El Sod

Das »Haus des Salzes«

336–337 Zwei Männer mit beladenen Eseln bei der Rückkehr aus dem El-Sod-Krater, dem größten Salzlager Äthiopiens.

338–339 Das Salz wird am Ufer zum Trocknen gesammelt und dann in Säcke verpackt.

Vater und Sohn lösen mit langen Stangen
das Salz vom Grund des Sees und transportieren
es anschließend in großen Wannen ans Ufer.

Unerbittliches Salz

Schmerzen ertragen, um zu Überleben

Schwärende Wunden an den Füßen sind die Folgen des Aufenthalts im Salzwasser von El Sod.

Hände der Borana

Notdürftiger Schutz

Stofflappen sind der einzige Schutz gegen die schmerzhaften Auswirkungen des Salzes.

VÖLKERGEMISCH

GALEBA

DAS VOLK AM FLUSS

[PAOLO NOVARESIO]

GALEBA

DAS VOLK AM FLUSS

Im Tagebuch der Expedition von Teleki werden die Galeba als Reshiat bezeichnet. In Äthiopien und Kenia sind sie vor allem unter der abwertenden Bezeichnung »Shangilla« bekannt, was so viel wie Neger oder Dunkelhäutige bedeutet.

Die Turkana wiederum kennen die Galeba als Merille oder Marille. Urheber und gleichzeitig Opfer dieses Durcheinanders waren die Forscher des 19. Jahrhunderts und die ersten Ethnologen, die mit den Galeba Kontakt hatten. Schwierigkeiten mit der Übersetzung und voneinander abweichende Aussprachen sorgten vollends für Verwirrung. Als Folge davon trifft man in der Literatur heute mindestens 22 verschiedene Bezeichnungen für diese Ethnie an.

Erschwerend kommt hinzu, dass die Galeba keine ethnische Einheit sind, sondern ein Völkergemisch, das sich lediglich auf gemeinsame Werte und Traditionen beruft. Die Gesellschaft der Galeba ist auf territorialer Basis organisiert und in acht Sektionen aufgeteilt, die jeweils unterschiedlichen Ursprungs sind. Die Ri'ele sind Verwandte der Borana, die Randal sind eng mit den Rendille im Süden Kenias verbunden, die Koro mit den Maasai, die Naritch mit den Bume und so weiter. Die Inkabelo und die Inkoria, die aus der Region westlich des Turkanasees stammen, bezeichnen sich selbst als die »echten Galeba«, als das »Urvolk«, um das sich nach und nach die anderen Gruppierungen scharten. Sie stellen die zahlenmäßig größte Gruppe und bewohnen das beste Land. Wann dieser Assimilationsprozess begann, ist unbekannt, aber bereits von Höhnel und Teleki vermerkten, dass sich die Galeba bevorzugt mit Frauen aus anderen Völkern verheirateten. So waren die Samburu-Frauen wegen ihrer Schönheit geschätzt, und Kinder, die aus Mischehen hervorgingen, galten als von edler Herkunft. Auch heute noch werden abtrünnige Fraktionen anderer Gruppen und Verbannte ohne große Probleme akzeptiert und integriert. Die Sektion ist kein geschlossener Organismus, die Zugehörigkeit hängt davon ab, in welchem Dorf man wohnt. Die Zugehörigkeit zu einem Familienklan hingegen ist stabil und unveränderlich. Den Angehörigen der verschiedenen Klans werden in Kriegs- und in Friedenszeiten besondere Fähigkeiten und rituelle Kräfte zugeschrieben, und jeder Klan hat sich spezialisiert. Die Aufgaben reichen von der allgemeinen Ausübung der Gebete bis hin zu der konkreten Verantwortung für die Herden während der Überquerung des Flusses.

In den Händen der Klans liegt auch die Vorbereitung der wichtigsten aller Zeremonien, des *dimi*, bei der verschiedene »Priester« zusammenwirken. Der *dimi* markiert den Eintritt der Mädchen in die Pubertät. Nach

Zwei Frauen beobachten neugierig die Ankunft der Fremden.

der Beschneidung, die zwischen dem achten und elften Lebensjahr erfolgt, können sie Mütter werden und den Fortbestand der Gemeinschaft sichern. Beschnitten werden nur die erstgeborenen Töchter, denn sie gelten als Garanten künftiger Fruchtbarkeit. Aber die eigentlichen Protagonisten des *dimi* sind die Väter, die bei dieser Gelegenheit in den höchsten sozialen Stand aufsteigen. Von nun an brauchen sie sich nicht mehr mit Nebensächlichkeiten zu beschäftigen, sondern können sich ganz auf Politik und Verwaltung konzentrieren.

Der gesellschaftliche Aufstieg hat jedoch seinen Preis. Jeder Teilnehmer am *dimi* muss zehn Stiere und mindestens 30 Ziegen und Schafe opfern. Die Tiere werden geschlachtet und das Fleisch wird an die verschiedenen Mitglieder des Klans verteilt. In der Praxis bedeutet das oft, dass ein unter großen Opfern zusammengetragener Besitz vernichtet und die Herden auf einen Schlag dezimiert werden. Die von Banketten, Tänzen und Trinkgelagen begleitete Zeremonie kann bis zu sechs Wochen dauern. Die Männer tragen ihre schönste Kleidung, schmücken ihren Kopf mit Straußenfedern und tragen das Fell von Geparden oder Schimpansen um die Schultern. Ein Holzschild und ein wie ein Phallus geformter Stock vervollständigen ihre Aufmachung.

Die Initiation der Männer findet bei den Galeba erst im Alter von 30 Jahren statt und trägt paradoxe Züge. In der Zeit des Übergangs von der Adoleszenz in das Erwachsenenalter kleidet sich der Jüngling wie ein Mädchen und imitiert auch dessen Verhalten. Der Junge trägt einen Rock, weiblichen Schmuck und spielt hingebungsvoll mit kleinen Kindern. Die Bewohner des Dorfes behandeln ihn mit großer Feinfühligkeit und erfüllen ihm jeden Wunsch. Er bekommt besondere Speisen, wie sie auch für junge Mütter zubereitet werden. Das Resultat dieser Erziehung zur Sanftheit ist aus unerfindlichen Gründen ein Krieger, der im Stande ist, einen Feind kaltblütig zu töten. Die Galeba sind die Geißel aller ihrer Nachbarn. Sie besitzen Unmengen an Waffen, mit denen sie hervorragend umzugehen wissen. Die Gewohnheit, ihre Gegner zu kastrieren, verleiht ihnen eine düstere Reputation. In regelmäßigen Abständen überfallen sie die Bume, Hamar, Gabbra, Rendille, Turkana und alle anderen, die Vieh besitzen.

Das Gebiet der Galeba erstreckt sich nördlich und östlich des Turkanasees beiderseits des Omo. In Äthiopien leben zirka 32 000 Angehörige dieses Volkes, einige tausend Personen der in Kenia lebenden Gruppen kommen noch hinzu. Die Region ist vorwiegend trocken und windig, die Durchschnittstemperaturen bewegen sich um die 40 Grad Celsius. Niederschläge sind selten, häufig gehen ihnen verheerende Sandstürme voraus, die den Horizont tagelang verdunkeln. Der relative Wohlstand der Galeba in dieser kargen Umwelt ist darauf zurückzuführen, dass ihre nie versiegenden und leicht zugänglichen Wasservorräte einträgliche Ernten garantieren. Im fruchtbaren Schwemmland entlang des Flusses, der einem regulären Jahreszeitenwechsel unterworfen ist, werden Sorghum, Mais und Bohnen angebaut. Der Wasserstand des Omo ist nicht von den lokalen meteorologischen Bedingungen abhängig, sondern von den Niederschlägen auf der Hochebene, einige hundert Kilometer entfernt. Selbst bei anhaltender Trockenheit ist die Ernte deshalb selten gefährdet. Die Bodennutzung ist flexibel geregelt. In Krisenzeiten werden die mit Fruchtwechsel bestellten Felder in Weideland für das Vieh konvertiert oder umgekehrt. Dieses System sichert

Eingefallene Wangen, markante Züge:
Die Rauheit der Umgebung steht diesem Mann ins Gesicht geschrieben.

das Überleben zumindest eines Teils des Viehbestands, ohne ganz auf den Anbau von Feldfrüchten zu verzichten. Auf jeden Fall hat das Gemeinschaftseigentum Vorrang vor dem Privateigentum. Zwar Bauern aus Notwendigkeit, sehen die Galeba sich in erster Linie als Hirtenvolk, was sich auch in ihrem Wertesystem und ihrer in Altersklassen organisierten Gesellschaft widerspiegelt. Fleisch ist eine eher seltene Kost, da es als unkluge Verschwendung von Ressourcen gilt, ein Tier zu töten. Wie viele Ethnien im Süden Äthiopiens lassen sie regelmäßig ihre Kühe zur Ader, deren mit Milch vermischtes Blut als Delikatesse und sofortiger Energiespender angesehen wird. Fischfang wird zwar regelmäßig betrieben, gilt aber als niedrige Tätigkeit. Ebenso als eines Mannes unwürdig gelten schwere körperliche Arbeiten und der Handel, der ohnehin auf wenige Güter wie Tabak, Tee, Zucker und andere Luxusgüter beschränkt ist. Isoliert von der Außenwelt, inmitten einer der unzugänglichsten und turbulentesten Regionen Afrikas, leben die Galeba weiter ihre Traditionen. Von automatischen Feuerwaffen abgesehen, scheinen sie keinerlei Interesse an der modernen Zivilisation zu haben.

ETHIOPIA 2003/04
"OMO VALLEY"

… DER FÄHRMANN IST EIN AFRIKANISCHER CHARON, DER UNS ÜBER DEN FLUSS IN DIE HÖLLE ÜBERSETZT.

Wie alle Bewohner des Omo-Tals schmücken sich auch die Galeba mit Ohrringen, Armreifen und Glasperlen.

[GIANNI GIANSANTI]

GALEBA
REISENOTIZEN

DIE BEIDEN UFER LINKS UND RECHTS DES OMO HABEN SEIT JAHRHUNDERTEN KEINERLEI KONTAKT ZUEINANDER. ZUMINDEST BEKOMMT MAN DIESEN EINDRUCK, OBWOHL RATE UND DAS GELABA-DORF OMORATE NUR DURCH 50 METER FLUSSBETT VONEINANDER GETRENNT SIND. ABER DIESE ENTFERNUNG SCHEINT UNÜBERWINDBAR.

Wir haben unseren Geländewagen in Rate gelassen und gehen zu Fuß zum Fluss hinunter, um von einer Fähre übergesetzt zu werden. Die Landschaft, die an uns vorbeizieht, ist von vollendeter Harmonie. Die Vegetation ist üppig, Bäume erstrahlen in intensivem Grün, dunkelbraune Erdwälle kontrastieren mit dem an dieser Stelle beinahe blau erscheinenden Fluss. Tiere kommen zum Trinken ans Ufer, daneben waschen Frauen die Wäsche und schreiten aufrecht, mit riesigen Körben auf dem Kopf, wieder an Land zurück. Die Ruder der hölzernen Pirogen spiegeln sich im Wasser.

Nachdem wir das andere Ufer erreicht und unserem Fährmann letzte Anweisungen gegeben haben, erklimmen wir die Böschung und erblicken gleich darauf das Dorf. Ein Dutzend primitiver Hütten inmitten einer Ödnis. Drei, vier Bewohner kommen uns entgegen. Sie sind erschreckend mager und stützen sich beim Gehen auf einen Stock. Ihr Blick ist traurig, leer, fast verzweifelt. Ringsum nur Staub, Hitze und Trockenheit. Nicht ein Baum, in dessen Schatten man flüchten könnte, nicht ein Zaun, auch keine Tiere. Hier gibt es wirklich absolut nichts.

Im Dorf glotzen uns sogar die Kinder lethargisch an. Kein lebhaftes Herumlaufen, wie wir es gewohnt sind, kein Geschnatter, nur ernste kleine Gesichter. Zwischen den Hütten erscheinen zwei alte Frauen mit seltsam anmutenden Kopfbedeckungen und langen Stöcken. Sie flüstern miteinander, während sie ziellos umhertrippeln. Zwei Männer sind damit beschäftigt, Messer und Pfeilspitzen zu säubern und zu schleifen, primitive Waffen im Gegensatz zu den Kalaschnikows, die überall im restlichen Äthiopien anzutreffen sind. Ein weiterer Mann, vielleicht der Vorsteher des Dorfes, läuft mit einer Peitsche den Kindern nach, die sich jetzt doch vor meinem Objektiv aufbauen. Während ich fotografiere, erklimmt ein Skorpion von imposanter Größe das Magazin meiner Kamera. Es mag an der Gluthitze liegen, aber plötzlich erscheinen mir die Personen vor meiner Linse wie verdammte Seelen in einem Höllenkreis von Dantes *Inferno*, ohne jede Hoffnung auf Erlösung. Nur wenige Meter von hier entfernt gibt es Wasser, einen Fluss, Schatten, eine Welt in Bewegung. Aber die Galeba scheinen an ihre Staubwüste gekettet, als existiere eine unsichtbare Grenzlinie, die sie nicht überschreiten dürfen. Plötzlich erscheint mir unsere Reise in einem gänzlich anderen Licht. Der Fähr-

355 Im Gegensatz zu vielen anderen Völkern besitzen die Galeba jenseits des Omo außer Lanzen, Pfeil und Bogen keine anderen Waffen.

356–357 Kinder aus Rate spielen im Schatten eines Vordachs, das Schutz gegen die sengende Sonne bietet.

mann ist ein afrikanischer Charon, der uns in die Hölle übersetzt, und unser Führer Zinabu der getreue Vergil, zuverlässiger Begleiter und Kenner fremder Orte und Sitten, der auf alle unsere Fragen eine Antwort weiß. An Orten wie diesem zu arbeiten bedeutet, die ganze Verzweiflung am eigenen Leib zu spüren, bis man an einem flirrend heißen Tag tatsächlich zu meinen glaubt, sich an den Grenzen der Menschheit zu befinden.

Ein plötzlich aufkommender Wind reißt mich aus meinen Gedanken. Er weht das Gefühl hinweg, mich jenseits meiner bekannten Welt zu befinden, und alles nimmt langsam wieder seine vertraute Gestalt an. Nach vier Stunden gehen wir zum Fluss zurück. Als wir mit Hilfe unseres Charons über den Fluss setzen, ertappe ich mich dabei, dass ich mit Erleichterung an das denke, was uns am anderen Ufer erwartet – an unseren Jeep und an die kleine Bar.

Die heißeste Stunde des Tages:
In Rate flüchten sich Kinder und Tiere ins Innere
der aus Häuten und Rinde erbauten Hütten.

360–361 Der Älteste von Rate
gibt seine täglichen Anweisungen.

361 Mit Lanze und Krug gehen zwei Frauen zum
Wasserholen durch das Dorf an den Fluss hinunter.

Das Leben der Galeba ist vom uralten Rhythmus einer Hirtengesellschaft geprägt.

364 bis 367 Trotz der Kargheit ihrer Umgebung verzichten die Mädchen der Galeba nicht darauf, sich herauszuputzen und mit einer Vielzahl von bunten Perlen und Metallreifen zu schmücken.

GEHEIMNISVOLLES VOLK AM MAGO

KARO

FRESKEN AUF DER HAUT

[PAOLO NOVARESIO]

KARO

FRESKEN AUF DER HAUT

DIE KARO, AUCH KERE, CHERRE ODER KERRE GENANNT, LEBEN AM UNTERLAUF DES OMO, SÜDLICH DES ZUSAMMENFLUSSES MIT DEM MAGO.

Bei den Karo handelt es sich um nicht mehr als einige hundert Individuen, verteilt auf eine Hand voll Dörfer. Diese sind durch Saumpfade untereinander verbunden, die nur schwer mit Motorfahrzeugen passierbar sind. Duss ist die älteste und wichtigste Siedlung und liegt ungefähr eine halbe Tagesreise vom Mago-Nationalpark entfernt.

Im Grunde weiß man von den Karo wenig bis gar nichts. Ihre Gesellschaft ist von Ethnologen nie erforscht worden, und die Literatur, die sich mit ihnen beschäftigt, kann sich lediglich auf knappe, zumeist aus zweiter Hand stammende Informationen berufen. Auch die letzte Volkszählung von 1994 vernachlässigt sie völlig und ordnet sie den Hamar zu. Die Karo stehen zu ihren mächtigen Nachbarn in einem Patronatsverhältnis, dessen Tradition sich in Urzeiten verliert. Ihr Idiom gehört zu den omotischen Sprachen und deckt sich mit dem Dialekt der Hamar bis zu 80 Prozent. Viele Karo sprechen aber auch Nyangatom. Mit den Hamar teilen sie eine Reihe von Gebräuchen und Ritualen, ihre religiösen Vorstellungen und das Wirtschafts- und Gesellschaftssystem. Auch bei der Kleidung und der symbolischen Bedeutung ihrer Schmucknarben sind überraschende Übereinstimmungen festzustellen, was auf eine gemeinsame Geschichte und Kultur hindeutet. Eine geheimnisvolle Verwandtschaft verbindet die Karo zudem mit den Mogudji und den Kwegu, zwei kleinen Ethnien, die das Tal des Mago bewohnen. Kwegu und Karo leben häufig Seite an Seite im selben Dorf und heiraten oft untereinander. Trotz der Parallelen mit ihren Nachbarn behaupten die Karo jedoch ihre kulturelle Eigenständigkeit.

Wichtigster Ausdruck ihres kulturellen Identität ist die Körperbemalung, die sie zu einer wahrhaften Kunst entwickelt haben. In Afrika und in anderen Teilen der Erde ist die Bemalung des Körpers allgemeine Praxis und entspricht spirituellen, sozialen oder schlicht ästhetischen Forderungen. Der unterschiedliche Gebrauch von Mustern und Farben übermittelt ein System symbolischer Botschaften, die Aufschluss darüber geben, welchen Rang das Individuum in der Gruppe einnimmt, welche Übergangsriten der Träger bereits vollzogen und wie viele Feinde er im Kampf getötet hat. Gleichzeitig unterstreicht die Farbe die Harmonie der Gesichtszüge und des Körpers und vermittelt Lebensfreude, Kraft und Gesundheit. Außer gelbem und weißem Ocker verwenden die Karo häufig noch Schwarz, das entweder aus Holzkohle oder aus eisenhaltigem Gestein gewonnen wird. Das Gestein wird zu Pulver zerrieben und mit Wasser verdünnt. Das Bemalen mit faserfreien Holzstäben erfordert

Eine Gruppe Frauen auf einem Vorgebirge an einer Flussbiegung des Omo.

höchste Präzision und dauert mehrere Stunden, vor allem vor Tanz- oder sonstigen wichtigen Zeremonien. Neben geometrischen Motiven wird häufig das Gefieder verschiedener Vögel, insbesondere das des getüpfelten Perlhuhns, zum Vorbild genommen. Dabei wird der gesamte Körper vom Kopf bis zu den Füßen mit weißen Punkten bedeckt. Die optische Wirkung ist verblüffend. Gerade Striche, im Zickzack verlaufende Linien, Kreise, Sterne, Handabdrücke – der Fantasie der Karo sind keine Grenzen gesetzt, und oft versuchen die Männer, die Frauen noch zu übertrumpfen.

Eine weiße Straußenfeder, Symbol der Reinheit und des Mutes, prangt auf der farbigen Tonkappe des Kriegers. Auch Glasperlen, einst aus Europa importiert und auf den arabischen Märkten als Tauschware bevorzugt, sind hoch geschätzt. Auf Fäden aufgezogen, werden sie zu kunstvollen Halsbändern verarbeitet und zusammen mit Ketten getragen, die zumeist aus dem Samen des Enset-Baums, der »falschen Banane«, hergestellt werden. Ebenso gefragt sind die winzigen Kaurimuscheln aus dem Indischen Ozean, deren Form an das weibliche Geschlechtsteil erinnert. Weit verbreitet ist auch Lippenschmuck aus dünnen Metallstäbchen. Körperliche Schönheit ist für die Karo ein extrem wichtiger Wert. Es trifft auf großes Unverständnis und führt zu stillschweigendem Ausschluss aus dem gesellschaftlichen Leben, wenn man sein Äußeres vernachlässigt, vor allem in jungen Jahren. Während der Feste nach der Ernte und bei Hochzeiten ist es obligatorisch, sich prunkvoll zur Schau zu stellen – und wenn man eine Frau finden will, sogar absolut notwendig.

Die Karo bauen vor allem Sorghum an, widmen sich neben dem Ackerbau aber auch dem Fischfang und der Aufzucht von Schafen und Ziegen. Der Forscher Donaldson Smith war bereits vor über einem Jahrhundert überwältigt von ihrem stolzen Auftreten und dem breiten Angebot an Nahrung in der Region. Wie er jedoch zu seinem Leidwesen feststellen musste, liebten die Karo Eindringlinge ganz und gar nicht und waren bei ihren Nachbarn für ihre Kriegskünste gefürchtet. In Friedenszeiten verlief das Leben der Karo jedoch ruhig und harmonisch. Die täglich anfallenden Arbeiten wurden in die Vormittagsstunden verlegt, wenn es noch nicht ganz so heiß war, und danach blieb noch genügend Zeit für persönliche Muße, ein Schwätzchen mit dem Nachbarn und soziale Aktivitäten.

Doch seit einigen Jahrzehnten hat sich die Situation der Karo drastisch verändert. Der große Bestand an Schusswaffen am Unterlauf des Omo hat die Spielregeln verändert und eine permanente Atmosphäre latenter Gewalt geschaffen. Die Karo laufen nicht nur Gefahr, von ihren Nachbarn physisch ausgelöscht zu werden – ihre ganze Kultur ist gefährdet. Die von alters her festgelegten Territorialgrenzen weichen immer mehr auf, weil andere Gruppen neue Weidegründe für sich beanspruchen. Hinzu kommt der Tourismus, ein relativ neues Phänomen, der die Situation weiter verschlechtert und nicht unerhebliche kulturelle Traumata bei den Karo erzeugt, die für ein paar Dollar tanzen und sich fotografieren lassen und so ihre eigene Identität verkaufen. Verelendet und brutal der Isolation entrissen, die sie in gewisser Weise beschützt hat, riskieren sie den Untergang ihrer Kultur. Trotzdem halten sie stur an den Gebräuchen ihrer Vorfahren fest, als wäre ihnen ihr Schicksal gleichgültig. Bunt bemalt sehen sie einer unsicheren Zukunft entgegen.

onengürtel um die Hüften und raffinierte Bemalungen: Die Karo sind Meister in der Kunst des Körperschmucks.

ETHIOPIA 2003/04
"OMO VALLEY"

... EINE WEISSE
STRAUSSENFEDER,
SYMBOL DER
REINHEIT UND DES
MUTES, PRANGT AUF
DER FARBIGEN
TONKAPPE DES
KRIEGERS.

[GIANNI GIANSANTI]

SCHWARZE MADONNA

DER BLICK AUS ZERYS AUGEN

UNSER GELÄNDEWAGEN KOMMT NUR MÜHSAM AUF DER PISTE VORAN, DIE LEDIGLICH ALS SCHMALE, DURCH REIFENSPUREN MARKIERTE SCHNEISE IM HOHEN GESTRÜPP ZU ERKENNEN IST.

Ich steige auf das Dach unseres Toyotas und setze mich zwischen zwei Benzinkanistern auf eine Plane, um dem Fahrer den Verlauf der Strecke angeben zu können, die sich zwischen den Büschen verliert. Als Orientierung dienen mir die hohen Schirmakazien, die hier überall in der Savanne wachsen. Plötzlich öffnet sich vor unserem Wagen ein Vorhang aus dichten Gräsern und schließt sich mit elegantem Schwung wieder hinter uns, nachdem wir durchgefahren sind. In der Luft bleibt ein ganz besonderer Duft zurück.

Labouk, Duss und Korcho sind die einzigen Karo-Dörfer am Flusslauf des Omo. Insgesamt leben hier 450, vielleicht auch 500 Männer, Frauen und Kinder. Die genaue Anzahl weiß niemand. Wenn der letzte Angehörige dieses Volkes gestorben ist, wird nichts mehr an die Karo erinnern, die zu den interessantesten Ethnien im ganzen Tal gehören.

Wir kommen aus Richtung des Mago-Nationalparks. Labouk ist das erste Dorf, das wir erreichen. Einen Arm zum Gruß erhoben, in der anderen Hand eine Kalaschnikow, schreiten uns bereits einige Karo entgegen. Nach entsprechendem Begrüßungsritual erörtern wir mit dem Oberhaupt des Dorfes die Möglichkeit, unsere Zelte zwischen ihren Hütten aufzuschlagen und bei ihnen die Nacht zu verbringen. Unser Führer Zinabu hält das für keine gute Idee, aber da er der Einzige ist, der sich mit den Karo verständigen kann, überredet er sie, uns erst einmal ans Flussufer hinunterzubringen. Wir sehen uns gründlich um, aber das Gelände ist für ein Lager nicht geeignet. Nach Anbruch der Nacht wimmelt es hier sicher von wilden Tieren. Und dann die Krokodile, so nah am Flussufer. Ich will mir das gar nicht erst vorstellen. Mit großem Nachdruck schlage ich deshalb vor, zurückzukehren und uns mit den Karo zu einigen, damit ich den Alltag der Bewohner im Dorf fotografieren kann. Zinabu und Anaylem werfen mir böse Blicke zu und erwidern heftig, dass wir auf keinen Fall im Dorf schlafen könnten. Schließlich mischt Paolo sich ein, und dank seiner Vermittlung bekommen wir die Erlaubnis.

Die Sonne brennt heiß vom Himmel, Insekten schwirren durch die Luft. Hin und wieder ein scheues Lächeln, eine verlegene Geste. Eine Frau im Hyänenfell geht auf mich los. Alle reißen sich darum, uns zu einem bescheidenen Mahl einzuladen. Wir essen schnell, um uns in den Schutz unserer Zelte zurückziehen zu können.

Abends lassen sich drei mit Gewehren bewaffnete Karo-Krieger auf dünnen Strohmatten nieder und bewachen im Schein des Feuers unser Lager.

378–379 Zerys Blick verliert sich in der Ferne: Vor wenigen Stunden erst hat sie ihr Kind geboren.

Als ich im Morgengrauen aufwache und die Zeltbahn zurückschlage, blicke ich auf einen grauen, wolkenverhangenen Himmel, den die ersten Sonnenstrahlen zu durchdringen suchen. Ich verlasse meine Welt und tauche ein in die der Karo. Einer der Wächter deutet einen Gruß an und folgt mit den Augen jedem meiner Schritte. Ich breche zu einem Rundgang durch das Dorf auf und mache die ersten Aufnahmen von einer alten Frau – der Frau des Anführers, wie mir scheint –, die sich gerade zwei Kanister auf den krummen Rücken lädt und zum Fluss hinuntergeht, um Wasser zu holen.

Ich kehre zum Zelt zurück, wo mittlerweile auch Zinabu und Anaylem aufgewacht sind. Ob alles in Ordnung ist, will ich von ihnen wissen. »Yes, Gianni, everything is o.k.« Sie meinen es offensichtlich ernst und kommen mir heute auch viel ruhiger vor. Beim Frühstück sehe ich Anaylem endlich einmal lächeln. Das Schlimmste ist überstanden.

Im Gegensatz zu den anderen Völkern wie den Surma oder Mursi, die im Wald zu Hause sind, leben die Karo unten am Fluss. Deshalb will ich sie gerne fotografieren, wie sie auf ihren Einbäumen den Omo überqueren. Aufrecht, elegant und mit bunt bemalten Körpern stehen sie am Bug und lenken geschickt ihre Boote stromaufwärts durch die schlammigen Fluten, die an den mit Sorghum bepflanzten Feldern vorbeifließen.

Es ist schon spät am Vormittag, als wir uns vom Oberhaupt und seinen Kriegern verabschieden und uns für ihre Gastfreundschaft bedanken. Selbst die Hyänenfrau, die mich gestern noch jedes Mal wüst attackierte, wenn ich das Objektiv meiner Kamera auf sie richtete, scheint heute wesentlich milder gestimmt und umgänglicher.

Als wir zurückgehen, taucht vor mir auf dem Weg zwischen den hohen, trockenen Stoppeln eines Feldes die Gestalt einer Frau auf. Sie hat ein Tuch um sich geschlungen und drückt ein Bündel an ihre Brust. Starr blickt sie geradeaus zum Horizont und an mir vorbei. Ich umkreise sie und fotografiere sie mit einem entschuldigenden Lächeln. Sie scheint sich davon nicht beirren zu lassen. Aus dem Bündel sehe ich das winzige Köpfchen eines kleinen Mädchens mit nassen Haaren ragen. »Sie heißt Zery und hat gerade ihr Kind bekommen«, flüstert Zinabu mir ganz leise ins Ohr, um die Frau ja nicht zu stören. Langsam gehe ich weiter. Im Weggehen drehe mich immer wieder nach der Frau um. Hoffentlich habe ich sie mit meiner Gegenwart und dem metallischen Klicken der Kamera nicht belästigt.

Noch Tage danach will mir der Anblick dieser schwarzen Madonna – statuenhaft wie die Muttergottes, die ihren gemarterten Sohn im Arm hält – nicht aus dem Kopf. In ihr sehe ich die Verkörperung allen Leides in diesem Teil der Welt, in Afrika.

Korcho

An der Biegung des Omo

380 In spektakulären Schleifen windet sich der Omo
durch das Gebiet der Karo.

381 Vom Flugzeug aus ist die Weitläufigkeit des Dorfes Korcho mit seinen
fast hundert Bewohnern zu erkennen.

382–383 Ein Hirte bewacht von einer Anhöhe aus seine weidende Herde.

384–385 Junge Männer erkunden den Fluss auf ihren Einbäumen.

Ernteritual

Sorghum – Nahrung der Karo

386–387 Die Hirseart Sorghum bildet die Hauptnahrung der Karo und wird unweit der Dörfer angepflanzt.

388–389 Die Männer schneiden mit langen Macheten die hohen Stängel ab, die angenehm süß schmecken.

390 und 391 Auch die Frauen helfen bei der Sorghumernte und beim Dreschen.

392–393 Das müde Gesicht eines Mannes. Im Hintergrund Landschaft mit verdorrtem Gras und kegelförmigen Hütten.

394 Den jüngeren Frauen obliegt traditionell die Pflege der Alten.

395 Wie überall im Tal des Omo bleiben auch den Frauen der Karo keine schweren Arbeiten erspart.

396–397 Auch bei den Karo zählt ein Gewehr zu den unverzichtbaren Bestandteilen der Ausrüstung.

398 Junge Frau mit der charakteristischen, zu kleinen Kügelchen gedrehten Haartracht

399 Mit finsterer Miene präsentiert dieser Mann die Schmucknarben auf seiner Brust.

400–401 Während der unerträglichen Mittagshitze ziehen sich die Familien in ihre Hütten zurück.

Die Frauen bereiten ein frisch geschlachtetes Zicklein zu.

Junge Männer schmücken
Gesicht und Körper mit
dem Abdruck ihrer Hände.

Kalaschnikow samt
Schulterriemen und bunte
Hüfttücher gehören zur
Standard-Ausstattung
eines Karo-Mannes.

ETHIOPIA 2003/04
"OMO VALLEY"

… GERADE STRICHE,
ZICKZACKLINIEN,
KREISE, STERNE,
HANDABDRÜCKE – DER
FANTASIE DER KARO
SIND KEINE GRENZEN
GESETZT.
OFT VERSUCHEN DIE
MÄNNER, DIE FRAUEN
NOCH ZU ÜBERTRUMPFEN.

Karo
Alterslose Krieger

410–411 Als Farbe für ihre Körperbemalung verwenden die Karo eine Paste aus Lehm und Pflanzenpigmenten.

412–413 Der Kopfputz der Männer besteht aus einer Kappe aus Ton. Bis die Masse getrocknet ist, schlafen sie auf hölzernen Kopfstützen, den *borkota*.

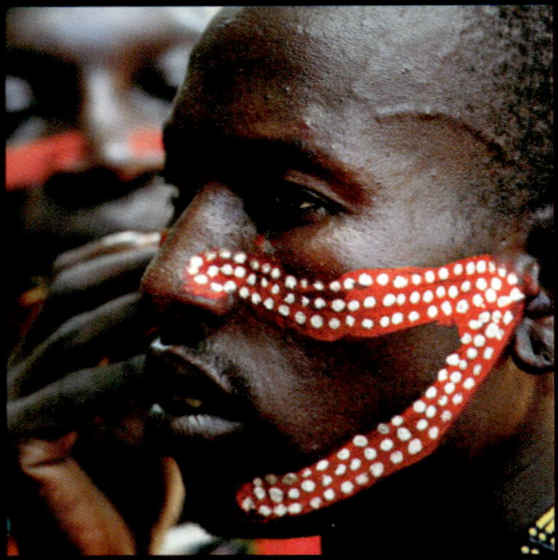

DIE MÄNNER DER EBENE

HAMAR

STOLZ UND SCHÖNHEIT

[PAOLO NOVARESIO]

HAMAR

STOLZ UND SCHÖNHEIT

JENSEITS DES WOITOTALS ÄNDERT SICH DIE LANDSCHAFT SCHLAGARTIG. DIE LETZTEN AUSLÄUFER DER HOCHEBENE VERSCHWINDEN, ALS SEIEN SIE VON DEN ENDLOSEN EBENEN VERSCHLUCKT, DIE SICH BIS ZUR GRENZE ZU KENIA ERSTRECKEN.

Die kunstvoll angelegten Felder der Konso gehen über in Savannenland und Buschwerk. Nur hier und da unterbricht eine Erhebung die Eintönigkeit des Horizonts. Die Hütten der Hamar sind das einzige Zeichen von Zivilisation in dieser wilden Einöde. Die Anordnung der Dörfer, die aufs Geratewohl im Grasland verteilt zu sein scheinen, entspringt in Wirklichkeit einem präzisen Plan und entspricht den Bedürfnissen einer Mischkultur von Hirten und Ackerbauern. Anbauflächen liegen normalerweise in der Nähe von Brunnen, gleichzeitig aber sollen die Weiden nicht zu weit von der Ortschaft entfernt sein. Die Ansiedlung der Hamar in ihrem gegenwärtigen Territorium ist vergleichsweise jungen Datums. Geschichte und Mythos berichten von einer glorreichen Vergangenheit, in der die Ahnen die Gipfel der Berge zu ihrem Aufenthaltsort erwählt hatten. Laut mündlicher Überlieferung waren sie es, die das erste Feuer entzündeten und die Gemeinschaft ins Leben riefen. Das Licht, das von den Flammen ausging, lockte Völker aus allen Richtungen an. Es kamen die Konso, die Ari, die Tsamai, die Karo, die Male und die Bume, und sie alle schworen Gehorsam und Respekt. So entstanden die Hamar. Auch heute noch ist das Feuer für die Hamar eine regenerative Kraft und Symbol allen Anfangs. Stirbt ein Angehöriger ihres Volkes, wird das Kohlenbecken gelöscht und unter langen Segenssprüchen neu entzündet. Nach der Ernte werden die Stoppeln auf den Felder verbrannt, damit die Asche Kraft an die Erde zurückgibt. Und als »Mensch, der Feuer in sich trägt« wird ein Mann bezeichnet, der voller Energie und Kreativität steckt.

Der Legende ihrer Genese liegt tatsächlich ein Funken Wahrheit zugrunde. Die Hamar sind eine Mischung aus verschiedenen Gruppen, die vor einigen Jahrhunderten eingewandert sind und sich auf die Anhöhen nordwestlich des Turkanasees geflüchtet haben. Donaldson Smith, der sich im Jahre 1895 in dem Gebiet aufhielt, traf unweit des Stefaniesees auf Hamar-Krieger, die ihn auszurauben versuchten. Aber der Angriff konnte leicht zurückgeschlagen werden. Zu dieser Zeit waren im Süden Äthiopiens Feuerwaffen noch gänzlich unbekannt. Dafür war die Region von heftigen Fehden heimgesucht. Lange bevor die ersten Europäer das Gebiet betraten, hatten die Hamar die Borana am Woitofluss zurückgeschlagen. Nach harten Kämpfen siegten sie mit Hilfe magischer Kräfte in Gestalt eines riesigen Schwarms wütender Bienen, die sich auf die Angreifer stürzten. Nach den Borana kamen erst die Samburu und dann

417 Das Dorf Dambaite inmitten eines grünen Tals, dem Gebiet der Hamar.

420–421 Der alte Haylo mit der von seinem Bruder Beldembe ererbten Lanze, einem Geschenk der Bume.

422–423 Die kleine Sopy beobachtet heimlich das Kaffee-Ritual im Inneren einer Hütte.

die Turkana, die sich jedoch schnell wieder zurückzogen und eine Spur des Todes und der Verwüstung hinterließen. Aber das Schlimmste stand noch bevor, als die Kolonialmächte begannen, Afrika unter sich aufzuteilen. Auch das Kaiserreich Äthiopien war daran beteiligt. Um dem englischen Expansionstrieb Ende des 19. Jahrhunderts Einhalt zu gebieten, schickte der äthiopische Kaiser Menelik II. seine Truppen in den Süden an die Grenze zu Kenia. Von diesem zahlenmäßig überlegenen und gut bewaffneten Heer wurden die Hamar in kürzester Zeit unterworfen. Viele wurden getötet oder versklavt, andere flüchteten in die Wildnis, wo sie elend dahinvegetierten. Nach der Eroberung bewaffneten die Äthiopier die Völker des Südens und unterstützten sie bei ihren Überfällen auf das nördliche Kenia. Die anschließende Vorherrschaft Italiens im Land änderte nichts an diesem Zustand.

Die Gesellschaft der Hamar konnte sich zwar ihre Integrität bewahren, veränderte sich aber grundlegend. Ihre Raubzüge verwandelten sich von einer simplen Methode zur materiellen Bereicherung in einen Akt zur Mehrung von Ruhm und Ehre der ganzen Gemeinschaft. Gleichzeitig ging damit eine Schwächung ihrer traditionellen Strukturen einher. Das halbnomadische Leben in den trockenen Tiefebenen verstärkte die Abneigung gegen jede Form von Autorität. Die persönliche Entscheidung trat an die Stelle des gemeinschaftlichen Beschlusses. Der Charakter der heutigen Hamar spiegelt diese Weltsicht wider. Die Macht der Ältesten und der Würdenträger ist nur noch ritueller Natur. Ihre Handlungen und auch die aller anderen religiösen und zivilen Funktionsträger werden permanent von den *donza*, den verheirateten Männern, überwacht. Ihnen allein wird die Fähigkeit zugeschrieben, den *barjo* zu beschwören, das heißt das Glück und das Wohlergehen, die jedem Menschen, der Natur, gewissen Orten und selbst unbeseelten Gegenständen innewohnen.

Unter *barjo* hat man eine Art Lebensprinzip zu verstehen, den Urzustand vor der Schöpfung. Ohne *barjo* würde die Hirse nicht gedeihen, es würde aufhören zu regnen, das Universum würde ins Chaos stürzen. Doch der Mensch ist im Stande, aus eigenem Willen diese unsichtbare Kraft in sich mit Hilfe von Gesängen und Gebeten zu aktivieren, die jeder Versammlung vorausgehen. Der *barjo* nimmt mit dem Alter zu, was den älteren Männern in dieser Gesellschaft, die wenig moralische Restriktionen kennt, ein sanftes Kontrollmittel über die Jungen und die Frauen in die Hand gibt. Begriffe wie »Sünde«, »Schande«, »Ehre« und »Pflicht« existieren im Vokabular der Hamar nicht, ebenso wenig das Konzept des Guten und Bösen. Sehr verbreitet hingegen ist der Aberglaube, der die erdrückende Präsenz von Wahrsagern erklärt, an die man sich im Falle gesundheitlicher Probleme oder des Verdachts wendet, man könnte Opfer des bösen Blicks geworden sein. Die geläufigsten Krankheiten werden im Allgemeinen mit Heilkräutern, Wurzeln oder natürlichen Substanzen behandelt. Versagt die traditionelle Medizin, ist der Kranke verflucht worden, und man muss auf andere Methoden zurückgreifen. Der Schuldige kann ein Verwandter oder ein Fremder sein, aber auch der Geist eines Verstorbenen, der unzufrieden ist über die Behandlung, die man ihm hat zuteil werden lassen. Um ihn zu besänftigen, muss ein Tier geopfert werden. Dann kann der Geist für immer das Dorf verlassen, um in Frieden jenseits der Großen Wasser zu leben. Die Wahrsager können ihren Einfluss auch für negative Zwecke nutzen und die Männer zum Beispiel zu einem Krieg drängen. Es ist Aufgabe der Ältesten, den Einfluss der Wahrsager zu begrenzen.

Ohne dauerhafte soziale Druckmittel würde das Gesellschaftssystem der Hamar jedoch Gefahr laufen, sich aufzulösen. Eine Reihe von Mechanismen soll das verhindern. Dazu gehört die Pflicht, Verwandten und anderen Personen in Zeiten des Mangels beizustehen. Der Wohltäter erwirbt sich dadurch Ruhm und Respekt in den Augen aller, und seine Verdienste werden nach seinem Tod öffentlich gefeiert. Kapital wird investiert, indem man etwas verleiht, normalerweise ein Rind. Tiere vermehren sich, und eine heute verliehene Kuh kann morgen schon Zinsen bringen. Seinen Besitz zu verteilen hat auch noch andere Vorteile. So bleibt der wahre Reichtum eines Mannes verborgen (der zur Schau gestellt vielleicht Neid hervorrufen würde), das Risiko, alles auf einen Schlag (durch Diebstahl, Überfälle, Epidemien) zu verlieren, ist minimiert, die Gesellschaft wird egalitärer und bekommt mehr Zusammenhalt (zumindest formal).

Die Hamar halten vor allem Ziegen. Im Gegensatz zu Rinder- oder Kamelherden erfordert diese Viehhaltung keine enge Zusammenarbeit der Männer, die bei Hirtenvölkern häufig auf der Zugehörigkeit zu Altersgruppen basiert. Viel wichtiger ist es, mobil zu sein und schnell aufbrechen zu können – eher Attribute einer kleinen, kompakten Einheit als einer schwerfälligen, vielgliedrigen Organisation. Rinder werden weniger als Subsistenzmittel, sondern mehr wegen ihres rituellen Wertes geschätzt.

Wie auch ihre Nachbarn, die Karo, Banna und Bashada, müssen die jungen Hamar die Zeremonie des Bullensprungs sozusagen als Eintrittskarte in die Gesellschaft der Erwachsenen durchlaufen. Dabei bietet sich beiden Geschlechtern Gelegenheit, durch Anmut und Eleganz zu beeindrucken. Die Kleidung der Frauen ist auffallend und prachtvoll. Halsbänder, bunte Glasperlen und mit Muscheln besetzte Lederhäute schmücken die Körper der jungen Mädchen, die ihre Haare mit Ocker und Fett beschmiert und zu Zöpfen und kleinen Kugeln geformt haben. Längliche Platten aus Aluminium, die so genannten *kallé*, zieren die Stirn, und dichte Reihen von Armreifen unterstreichen die Rundung der Arme. Nur die verheirateten Frauen dürfen den *bignere* um den Hals tragen, einen schweren Eisenreif, der vorne in einem auffallenden, wie ein Phallus geformten Höcker endet. Die Männer tragen komplizierte Frisuren, die mit Straußenfedern geschmückt sind. Immer dabei ist die hölzerne Nackenstütze, die – auch Sitzgelegenheit – in erster Linie dazu dient, dass die Haartracht beim Ruhen nicht verrutscht. Die Lust der Hamar an Ästhetik und Prachtentfaltung findet ihren Ausdruck in den Tänzen und Festen, die häufig den Alltag bereichern. Flöte und Leier begleiten dabei ihre Gesänge, die von Heldentaten und Kriegen berichten, in denen Felder, Tiere und die Natur gesegnet, Regen herbeigerufen und Unglück gebannt werden sollen. Die Litanei der Wiederholungen strahlt Kraft und Verlässlichkeit aus. So wird jeden Tag aufs Neue die Welt durch die menschliche Stimme erschaffen.

[GIANNI GIANSANTI]

BARGHY

DAS ANTLITZ AFRIKAS IM WANDEL

Als ich von meiner ersten Reise nach Äthiopien zurückkehrte, fragte mich ein Freund, was mich an diesem Land eigentlich so fasziniere. Ich erzählte ihm daraufhin von Barghy. An ihrem Beispiel kann ich vielleicht am besten verdeutlichen, welche Absicht ich mit meinen Fotos verfolge. Barghy ist ein junges Hamar-Mädchen. Ich lernte sie an der Bar von Hassafu kennen, in Turmi, einer Oase für die wenigen Touristen, die sich hierher verirren. Wir waren fix und fertig nach den üblichen fünf, sechs Stunden afrikanischer Piste samt unvermeidlicher Schlaglöcher und unerträglicher Hitze. Barghy gehörte zu einer Gruppe Kinder und Jugendlicher, die uns mit der üblichen Litanei begrüßten: »Birr, Birr, hallo, frenji, hallo, foto ...«

Barghy war die Einzige, die auf einer verblichenen Bank unter einer Laube aus Stroh sitzen geblieben war. Von dort aus verfolgte sie jeden unserer Schritte mit neugierigen Blicken, reglos, nur mit den Beinen baumelnd, die Hände auf den Oberschenkeln gefaltet. Eine Kaskade rot eingefärbter Zöpfe zierte ihren Kopf. Der Kontrast zwischen den zappelnden, schreienden Kindern, die mich umringten, und Barghys ungewöhnlichem Verhalten, die mich nicht anfasste, mich nicht bedrängte, nicht schrie, hätte nicht größer sein können.

Die Jungen schlugen Purzelbäume, um meine Aufmerksamkeit zu erregen; Barghy rührte sich nicht. Die Jungen vollführten Schaukämpfe und veranstalteten Wettrennen; Barghy rührte sich nicht. Die Jungen hoben mit einer Hand ihre zerrissenen T-Shirts in die Höhe, um zukünftige muskelbepackte Oberkörper vorzuführen, während sie gleichzeitig damit beschäftigt waren, ihre bei jedem Schritt rutschenden, viel zu weiten Hosen ohne Knöpfe wieder über den Po zu ziehen.

Barghy hingegen streckte sich auf der Bank aus und stützte das Kinn auf einer Hand ab, während die andere locker auf ihrem mit Perlen bestickten Lendenschurz aus Ziegenleder ruhte. Irgendwann wich der Ausdruck der Verwunderung einem Lächeln, das sich über ihr ganzes Gesicht verbreitete und blitzende weiße Zähne enthüllte. Ein einziger Sonnenstrahl fiel durch das Strohdach und tauchte ihr Antlitz in flüssiges Gold. Klick.

Das war es. Das war der Grund, weswegen ich hierher gekommen war. Das wurde mir in dem Moment klar.

Sicher wusste ich auch vorher schon, dass ich auf der Suche war, aber nicht genau, wonach. Und selbst wenn ich es gewusst hätte, hätte mir die Gewissheit gefehlt, es auch zu finden. Mit ihrer stolzen Haltung, dem Lendenschurz aus Ziegenleder und ihrer stoischen Ruhe inmitten einer aufgeregten Menschenmenge hatte Barghy mir wortlos mein Ziel vor Augen geführt. Barghy hatte mir gezeigt, dass es meine Aufgabe war, mit meiner Kamera jene Bilder festzuhalten, die sich hier, in diesem Teil der Welt, seit Urzeiten wiederholten.

Barghy, das Hamar-Mädchen, das die Nachmittage mit seinen Freunden in der Bar von Turmi verbrachte.

Das anmutige Hamar-Mädchen Barghy, Sinnbild der Zeit, die auch in Afrika immer schneller wird.

Barghy mit dem Lendenschurz aus Ziegenleder, deren Freunde alle Totti-T-Shirts mit der Nummer 10 des italienischen Fußballers trugen. Zwei Möglichkeiten, in ein und derselben Zeit zu leben – die einen versuchen, mit der Zeit zu gehen, die anderen, sich in ihr, wie gewohnt, einzurichten. Klick.

Als ich Barghy einige Monate später wieder sah, erkannte ich sie nicht mehr. Sie war wieder in der Bar und in Begleitung der Rasselbande. Ich wusste, dass ich sie dort antreffen würde, und erkannte sie trotzdem nicht. Nicht einmal, als sie zu mir kam und mich mit leiser Stimme begrüßte: »Hallo, Djiani.« Ihr Kopf war kahl geschoren, und auch sie trug jetzt Shorts und ein zerrissenes Männer-T-Shirt. »Ah, hallo, Barghy. Nagaya.« Mehr habe ich nicht herausgebracht.

Eigentlich hatte ich ja sagen wollen: »Was hast du getan? Was ist passiert? Wo sind deine Zöpfe und dein Lendenschurz geblieben? Wenn es stimmt, dass der Schlüssel zum Verständnis eurer Tradition in eurer Kleidung und eurem Körperschmuck liegt, wenn es stimmt, dass ihr euch dadurch von allen anderen unterscheidet, dann sag mir bitte, weshalb du dich entschieden hast, keine Hamar mehr zu sein? Was hast du davon, ein T-Shirt und kurze Hosen zu tragen? Bringt dich das irgendwie weiter? Glaubst du, so mit der Zeit zu gehen? Glaubst du, so Verlorenes wieder zu gewinnen?«

Ich überlege lange, was verschwundeneTraditionen für mich persönlich bedeuten. Wir neigen dazu, allem, was vergangen ist, eine übertriebene sentimentale Bedeutung zuzuweisen. Ständig ziehen wir Vergleiche zwischen dem, was war, und dem, was sein wird. Auch Barghy hat sich verändert und für mich wird sie nie mehr sein wie früher.

Und mir wird klar, dass ich mir wünsche, in diesem Teil Afrikas möge für immer alles so bleiben, wie es jetzt ist. Ich wüsste gerne, dass in diesem Winkel der Erde Begriffe wie Geschwindigkeit, Technik und Fortschritt keine Bedeutung haben. Hier, wo ein Mobiltelefon, in seine Einzelteile zerlegt, als Schmuckanhänger um den Hals eines Einheimischen baumelt und man die Tüten von Fertigsuppen als Umhängetaschen trägt.

Ich denke, dass ich mit meinen Fotografien dazu beitrage, eine Neugierde zu befriedigen, die wir alle in uns spüren, nämlich jene, mit eigenen Augen die Vergangenheit zu sehen. Vielleicht erblicken wir in den Menschen Afrikas uns selbst, wie wir vor Jahrmillionen lebten.

Ich weiß nicht, ob Barghys Entscheidung richtig oder falsch ist. Ich weiß nur, dass diese junge Hamar sich offensichtlich entschlossen hat, sich unsere Welt, die so verschieden ist von der ihren, genauer anzuschauen.

Sicher kann man der Meinung sein, dass es allemal besser ist, als Hamar im Tal des Omo zu leben, denn als Bettler in Addis Abeba. Oder aber, dass alle Menschen die Möglichkeit zur Veränderung und Verbesserung ihrer Lebensumstände haben müssten; Barghy daran zu hindern, wäre folglich reiner Egoismus. Und vielleicht wäre tatsächlich alles besser, wenn wir Barghy und ihren Freunden nicht unsere Geländewagen, Kameras und Satellitentelefone vorführten und sie nicht in Versuchung brächten, sich diese Dinge ebenfalls zu wünschen.

In Kürze soll eine Asphaltstraße bis nach Turmi gebaut werden. Das hieße dann, mehr Touristen und mehr Geld. Das Rad der Zeit wird sich noch schneller drehen und 2000 Jahre kontinuierlicher Geschichte einfach hinter sich zurücklassen. Verschwundene Zeit in einem verschwundenen Afrika.

427 Barghy etwas älter, in Kleidung und Haartracht nun westlich orientiert.

428–429 Barghy in jungen Jahren.

weitläufigen Dörfer der Hamar. Jede Familie besitzt eine Hütte und einen Pferch für das Vieh.

432–433 Eine Frau in einem
mit Muscheln verzierten
Ziegenlederrock arbeitet
an ihrer Hütte.

434–435 Ein kleines Mädchen bereitet
eine Ziege zum Melken vor.

Allgegenwart der Waffen

Die aggressive Seite der Hamar

Lässig hält eine Frau ein Gewehr im Arm,
ohne deswegen auf ihren Schmuck aus
Kaurimuscheln und die sorgfältig
geflochtenen Haare zu verzichten.

438–439 Erhitzt sucht eine Frau aus Deleban Erfrischung und leert einen bauchigen Krug.

440–441 Eine Familie im Inneren ihrer Hütte: Vater, Mutter, zwei Kinder und ihre wenigen Habseligkeiten.

Spät am Abend versammelt sich ein Teil des Dorfes um das Feuer und brät eine Ziege, eines der Hauptnahrungsmittel der Hamar.

ETHIOPIA 2003/04
"OMO VALLEY"

… IHRE HAARE SIND MIT OCKER UND FETT BESTRICHEN UND ZU ZÖPFEN UND KLEINEN KUGELN GEFORMT.

445 und 446–447 Sorgfältig geflochtene Zöpfe, Halsbänder aus Metall, bunte Glasperlen und breite Ketten aus Kaurimuscheln machen den besonderen Charme der Hamar-Frauen aus.

Aus diesem Blick spricht
der ganze Stolz und Zauber
einer Hamar-Frau.

Die Narben, der finstere Blick und die blutunterlaufenen Augen dieses Mannes verraten viel über den Stolz der Hamar.

In der Sonne schmilzt das mit Ocker gefärbte Fett, mit dem die Haare dieses jungen Mädchens in Form gebracht wurden.

Der Markt von Dimeka

Treffpunkt und Tauschbörse

Eine Frau auf dem Weg zum Markt
mit der Ware, die sie dort
verkaufen oder eintauschen wird.

In entspannter Unterhaltung vertreiben sich die Frauen die Zeit, während sie auf Käufer warten. Auf ihrem Rücken sind die Narben der Auspeitschung im Rahmen des Bullensprungs zu sehen.

Mit der *assellè* genannten roten Erde färben sich die Frauen die Haare.

Eine Gruppe junger Mädchen auf dem Markt von Dimeka ist, Wurzeln kauend, ins Gespräch vertieft.

Winzige Zöpfe, bunte Perlen und auffallende Ohrringe verleihen diesem Mädchen eine unnachahmliche Eleganz.

[GIANNI GIANSANTI]

BULLENSPRUNG

FÜNF SPRÜNGE INS ERWACHSENENLEBEN

In der Zeit, die ich bei den Hamar verbrachte, stellte ich beinahe täglich Fragen zu ihrem wichtigsten Initiationsritus, dem so genannten Bullensprung. Auch in Sudus Leben dürfte nicht ein Tag vergangen sein, an dem er nicht ähnliche Fragen gestellt und dem Moment entgegengefiebert hätte, an dem es für ihn so weit war. Eines Nachmittags erfuhr ich, dass das große Ereignis am Tag darauf stattfinden sollte. Für einen Tag würde er im Mittelpunkt stehen und vor den Augen aller über den Rücken der Stiere springen. Aber Ursprung und Bedeutung dieses Rituals entziehen sich meiner Kenntnis, und ich frage mich, was dabei am Wichtigsten ist: die Tiere zu unterwerfen? Sich so geschickt wie möglich anzustellen? Hervorzuheben, was einen Mann ausmacht? Egal. Dieser Tag war wichtig, damit Sudu in die Welt der Erwachsenen eintreten konnte.

Wie jede andere gelebte Tradition wird auch diese von weiteren Riten begleitet, in diesem Fall von Tänzen und der Auspeitschung der Frauen. Am Tag des großen Ereignisses lag bereits frühmorgens Festtagsstimmung in der Luft. Überall liefen die Vorbereitungen. Die jungen Frauen versammelten sich auf einer Lichtung, wo sie später das Essen für die Feier bereiten würden. Jede trug eine kleine Trompete bei sich, die sie immer wieder ertönen ließ. Der Klang dieses Instruments sollte den ganzen Tag über jede ihrer Bewegungen begleiten. An einem anderen Ort trafen sich die *maz*, junge Männer, die den Sprung bereits erfolgreich absolviert hatten. Sie waren die Paten des neuen Kandidaten, und es war ihre Aufgabe, den Ort der Zeremonie, die Zeit und die Anzahl der Stiere festzulegen. Vielleicht hatten sie an jenem Tag beschlossen, es für Sudu besonders spannend zu machen, denn sie schafften es einfach nicht, sich auf einen Ort zu einigen. Jedes Mal, wenn sie einen geeigneten Platz gefunden zu haben glaubten, beschlossen sie – aus mir unbekannten Gründen –, dass es doch nicht der richtige sei. Erst gegen Abend einigten sie sich endlich auf ein flaches Terrain auf einem kleinen Hügel.

Den ganzen Vormittag über hatten die Frauen mit den Kindern zum Klang der Trompeten das Essen vorbereitet und in Schalen aus ausgehöhlten Kürbissen einen Brei aus gemahlenem Sorghum und Milch angerührt. Danach war es Zeit für die Auspeitschung, die ganz anders ablief, als ich mir das vorgestellt hatte. Ich musste nämlich erfahren, dass es die Frauen waren, die mit Schnurpeitschen und biegsamen Ruten auf die Männer zukamen und sie regelrecht provozierten, sie damit zu schlagen. Die Männer hatten in dem Moment alles andere im Sinn und wollten entweder in Ruhe Sudus Eintreffen genießen oder hatten mit den Rindern alle Hände voll zu tun. Sie schienen mir nicht im Geringsten daran interessiert, die Frauen auszupeitschen. Ganz im Gegenteil. Nachdem sie sich schließ-

lich doch dazu herabgelassen hatten, wandten sie sich gleich wieder anderen Dingen zu. Aber die Frauen zeigten sich tief befriedigt in ihren masochistischen Wünschen und ertrugen stolz die schmerzhaften, klaffenden Wunden auf ihrem Rücken. Die auffallenden Narben gelten als Beweis ihres Mutes oder auch des Interesses, das ein Mann für sie zeigt. Danach wurde getanzt, bis es Zeit für den Sprung war. Junge Mädchen, Frauen und Kinder der Hamar brachten mit ihren rhythmischen Tänzen, Sprüngen und Bewegungen zum Klang von Gesängen und Trompetenstößen ihr Gewand aus Ziegenleder mit den aufgenähten Perlen und Muscheln zum Schwingen.

Die Sonne ging bereits unter, als der lang ersehnte Augenblick kam und auf dem für das Spektakel vorgesehenen Platz alles so weit war. Sechs Stiere standen nebeneinander parat, die jungen Frauen hörten auf ihrer Seite zu tanzen auf und richteten lachend und tuschelnd ihre Aufmerksamkeit auf die Mitte des Platzes, die *maz* traten zur Seite. Und dann sprang Sudu. Es war nicht schwer für ihn, um die Wahrheit zu sagen. Fünf Mal wiederholte er fehlerlos den Sprung über sechs Stiere hinweg. Er durfte nur nicht herunterfallen. Mehr war nicht nötig, um die Probe zu bestehen und aufgenommen zu werden in die Gemeinschaft der Erwachsenen. Die Stiere bewegten sich nicht, und er fiel nicht herunter.

Dass es in Wirklichkeit gar keine Stiere waren, sondern Kühe, die Sudu aus müden Augen hinterhersahen, als er allein in den Wald rannte, um dort seinen Sieg zu feiern, war im Grund nicht wichtig. Sudu gehörte nun zu den Großen.

Die Männer bemalen zur Vorbereitung auf das
Fest gegenseitig Gesicht und Körper.

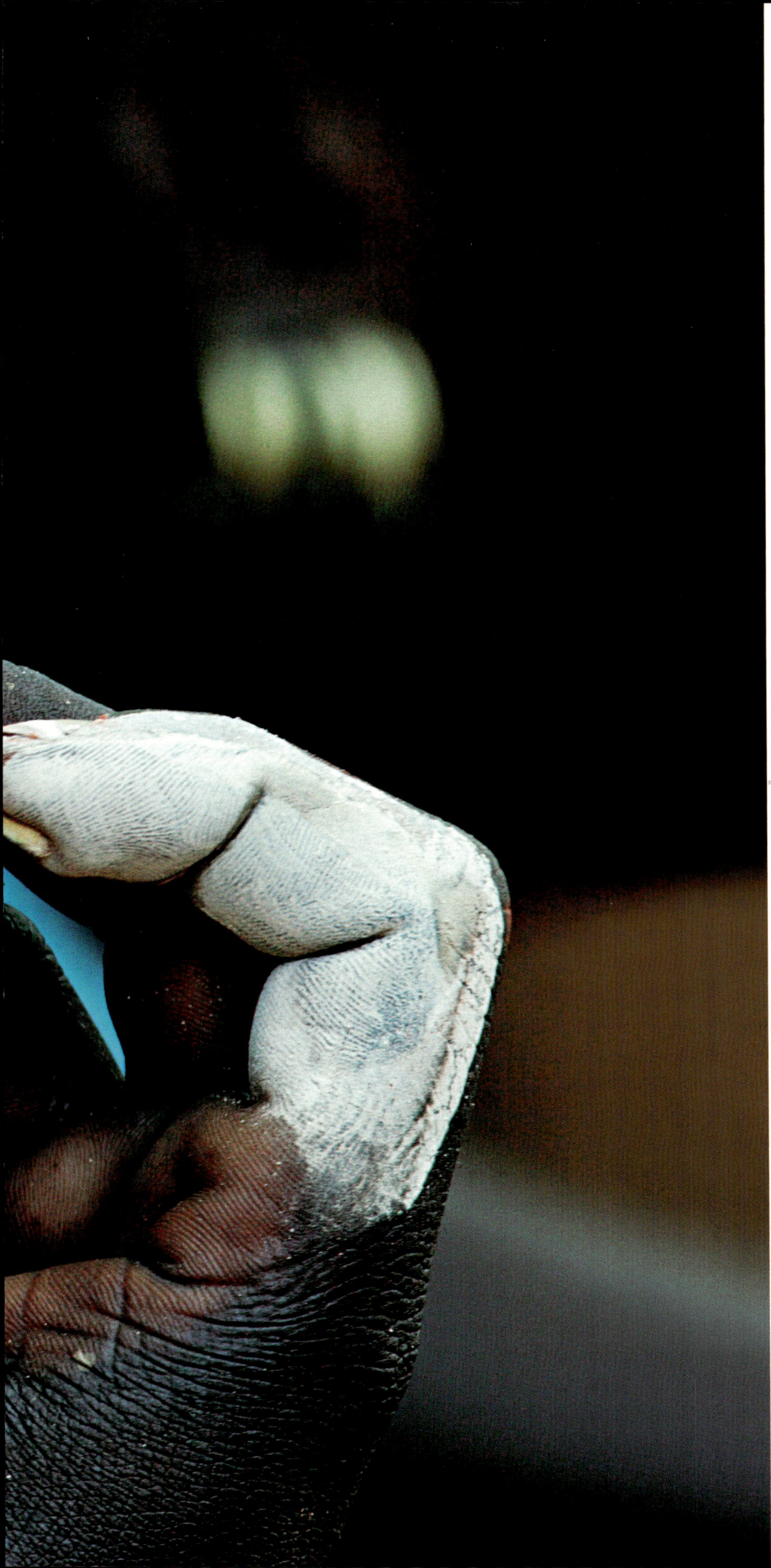

Mit einer Art Pinsel werden weiße Punkte auf rotem Untergrund aufgetragen. Die Muster sind typisch für die *maz*, die »Paten« des jungen Mannes, der den Bullensprung ausführen wird.

Die überlieferten Muster der Gesichtsbemalung wiederholen sich, drücken aber große künstlerische Kreativität aus.

Die Farben bestehen aus einer
Mischung aus Lehm, Öl und
Pflanzenpigmenten.

474–479 Den Auftakt zur eigentlichen Zeremonie bildet die Auspeitschung. Die Frauen fordern die anfänglich noch zögernden Männer vehement auf, sie mit dünnen Ruten zu schlagen.

Auf dem Rücken dieser Frauen sind deutlich die Spuren der Auspeitschung zu sehen, dem leidenschaftlichen Prolog zum Initiationsritus des Bullensprungs.

on den Ruten verursachten Wunden sind tief und hinterlassen bleibende Narben.

Blut läuft über den Rücken der jungen Frauen, die sich anscheinend bereitwillig auspeitschen lassen.

Entfesselte Tänze begleiten
jeden Abschnitt des Festes.

Unmittelbar vor dem Bullensprung tanzen
und singen die Frauen noch leidenschaftlicher.

Kurz vor der Zeremonie tanzen die Frauen
auf die Mitte des Festplatzes zu.

Auf einem großen, freien Platz werden die Rinder
für den Bullensprung nebeneinander aufgestellt.

Aus Mangel an Stieren, wie es die Tradition vorschreibt, wird heute auf Kühe zurückgegriffen, die in dieser armen Gegend in größerer Anzahl vorhanden sind.

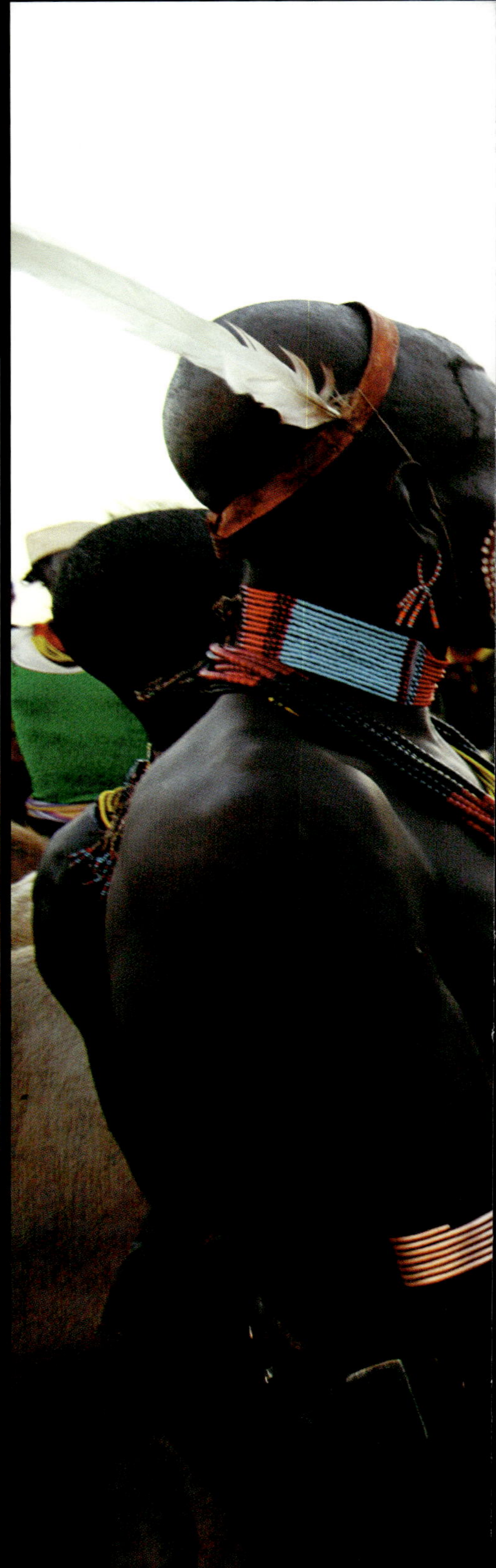

Der Sprung in die Welt der Erwachsenen: Der Bullensprung besteht darin,
über den Rücken ausgewachsener Rinder hinwegzulaufen, ohne zu stürzen.

498–499 und 500–501
Die Zeremonie ist vorüber.
Der Kandidat hat die Prüfung
erfolgreich bestanden.
Die Frauen bereiten das
Essen für die sich
anschließende Feier vor.

BIOGRAFIEN

GIANNI GIANSANTI, geboren 1956, begann 1981 für die Agentur Sygma zu arbeiten. Seitdem fotografierte er an zahlreichen Brennpunkten der Welt: Während des Staatsstreichs in der Türkei, in El Salvador und Guatemala, in Libyen, im Libanon, in Senegal, Polen, Griechenland und Jugoslawien. 1988 verbrachte er drei Monate im Vatikan und dokumentierte das Privatleben von Papst Johannes Paul II. Diese Arbeit brachte ihm den ersten World Press Award ein. 1991 veröffentlichte er das Buch *Cavalli in Palio*. Für seine Fotoreportage in Somalia während der Hungersnot erhielt er 1992 den Picture of the Year Award der University of Missouri, und es waren die tiefgreifenden Eindrücke dieser Reise, die ihn bewogen, abermals in Ostafrika zu arbeiten, wo das vorliegende Buch entstand. 1993 begann er sich für die Welt der Formel-1-Rennen zu interessieren. *The Colors of Passion* war das erste Ergebnis seiner Arbeit. Im Anschluss an die Veröffentlichung seines Buches *Giovanni Paolo II: Ritratto di un Pontefice* 1995 wurden seine Aufnahmen im Vatikan, im Louvre und in Rio de Janeiro gezeigt. 1997 folgte die Veröffentlichung von *Jacques Villeneuve, A Champion in Pictures*. 1999 schilderte er die Geschichte des britisch-amerikanischen Rennstalls in zwei Büchern: *Realisation of a Dream* und *From Dream to Reality*. Ein weiteres großes Interesse von Giansanti gilt der Kunst, wie er eindrucksvoll mit dem Band *Marc Aurel* bewies, einer Dokumentation der Restaurierungsarbeiten an der berühmten Statue des Kaisers. Das Jahr 1999 war mit der Reportage *Discover the Chamber of Deputies*, Alltag in Montecitorio, dem italienischen Parlament, vollständig der Politik gewidmet, und 2001 heftete er sich dem bekannten italienischen Fußballspieler Alessandro del Piero an die Fersen und produzierte einen Bildband über dessen Leben: *Semplicemente del Piero*. 2002, im Jahr der Fußballweltmeisterschaft in Japan und Südkorea, entstand vor Ort der Band *Mondiale in Giallo*, eine fotografische Reise durch beide Länder. In Zusammenarbeit mit dem Formel-1-Team von Renault veröffentlichte Giansanti zuletzt *A Day on Stage*, in dem er das Leben des Rennteams des französischen Autoherstellers zwischen Fabrik und Grand-Prix-Rennen zeigt.

PAOLO NOVARESIO, geboren 1954 in Turin, hat Geschichte studiert und sich als Reisender, Historiker und Schriftsteller von jeher mit der Methodologie der Forschung beschäftigt. Motorisiert, zu Fuß und mit einheimischen Beförderungsmitteln bereiste er abgelegene Regionen Afrikas wie die Sahara, das Kongobecken, Mittel- und Ostafrika. Er befuhr Abschnitte des Nils, des Aruwimi und den Tanganjika-See. Zu Fuß durchwanderte er weite Gebiete der Sahara und des Suguta-Tals in Kenia. Nach einer langen Durchquerung des Schwarzen Kontinents verbrachte er von 1981 bis 1983 über ein Jahr in Kenia und studierte dort die Kultur und Wanderrouten der Nomadenvölker der Samburu und Turkana. In jüngster Zeit konzentrierten sich seine Studien auf Kenia, Botswana, Namibia und Südafrika. Außerdem beschäftigt er sich mit der Vorbereitung von wissenschaftlichen Reisen und Expeditionen und schreibt für zahlreiche Zeitungen und Zeitschriften Beiträge über Geschichte und Kultur Afrikas.

19,95 → 9,95

BIBLIOGRAFIE

C. Beckwitt, A. Fisher, *Corno d'Africa*, Idea Libri, Mailand, 1990

E. Cerulli, *Peoples of South-West Ethiopia and its Borderland*, International African Insitute, London, 1956

Angelo und Alfredo Castiglioni, *Venere Nera*, Ed. Lativa, Varese, 1985

Angelo und Alfredo Castiglioni, G. Salvioni, *Lo specchio scuro di Adamo*, Ed. Lativa, Varese, 1987

M. Amin, *Cradle of Mankind*, The Overlook Press, New York, 1983

M. Brown, *Where Giants trod*, Quiller Press, London, 1989

L. von Höhnel, *Discovery by Count Teleki of Lake Rudolf and Stefanie*, Frank Cass & Co., London, 1968

A. Donaldson-Smith, *Through Unknown African Countries*, Greenwood Publishers, New York, 1969

L. Vannutelli, C. Citerni, *L'Omo*, Hoepli Editore, Mailand, 1899

D. Hayward, *The Arbore Language: A First Investigation*, Helmut Buske Verlag, Hamburg, 1984

AA.VV, *Encyclopaedia Aethiopica – Bd. I*, Verlag Otto Harrassowitz, Wiesbaden, 2003

M. Tosco, *The Dhaasanac Language*, Hrsg. von H.J. Sasse, Rüdiger Köppe Verlag, Köln 2001

H. Adan Isack, *Boran*, Evans Brothers, Nairobi, 1986

W.G.Tadesse, *Property and Age Organisation among an East African Pastoralist Group*, Max-Planck-Institut für ethnologische Forschungen, Arbeitspapier Nr. 14, 2000

I. Strecker und J.R. Lydall, *The Hamar of Southern Ethiopia. 1. Work Journal; 2. Baldambe Explains; 3. Conversations in Dambaiti*, Verlag Klaus Renner, Hohenschäftlarn, 1979

A. Semplici, *Etiopia*, ClupGuide, UTET Libreria, Mailand, 1996

DANKSAGUNG

UNSER DANK GILT:

Ethiopian Airlines
KEL 12
Paolo Ruffa

Weiterhin bedanken wir uns bei der italienischen Botschaft in Äthiopien und ihrem Botschafter Guido Latella, bei Emiliano Longhi und Arnaldo Minuti. Ebenso bei der äthiopischen Botschaft in Italien und ihrem Botschafter Mengistu Hulluka, dem Konsul Mekkonen Gossaye und bei Fortuna Dibaco.

Ein spezieller Dank geht an:

Riccardo Auci, Claudio Bassi, Zinabu Berhe, Aldo Bonzi, Giovanna Calvenzi, Jean François Caubet, Nancy Dahl Paradisi Dompè, Ernesto De Vizio, Alessandro di Napoli, Massimo Di Rienzo, Stefano Folgaria, Andrea Giansanti, Solomon Gizaw, Daniele Guglielmi, Maria Mann, Luca Mazzocco, Maurizio Melloni, Carlotta Perazzi, Riccardo Scoma, Paolo Secondino, Assunta Servello, Gabriella Squillace, Patrizia Spinelli, Brian Storm, Enrico Tedeschi, Yohannes Teshale, Luigi Toma, Ala Tozzi, Guillaume Valabregue, Carlo Verdelli, Susan Welchman, Michael Yamashita, Anaylem, Romeo.